Die Welt danach wird eine andere sein.
Wie sie wird? Das liegt an uns!

Bundespräsident Frank-Walter Steinmeier am 11. April 2020

Die Welt is' voll am Arsch und wir mittendrin …
aber durchhängen is´ nich´.

Sänger Udo Lindenberg am 25. März 2020

Das Virus ist jetzt wirklich eine schicksalhafte Herausforderung für
die ganze Menschheit und wir sollten spätestens jetzt lernen, dass
wir als Menschen nur gut durch solche Situationen kommen, wenn
wir zusammenhalten, und darum geht es in unserem Land, in Eu-
ropa, aber auch auf der ganzen Welt.

Vizekanzler Olaf Scholz am 20. März 2020

Holger Piening mit
Tjorven Boderius

Krisenratgeber Corona

Schützen

Vorsorgen

Handeln

Sachstand 27.5.2020
Umschlagbild: Shutterstock
Fotos: Tjorven Boderius (TB)/Holger Piening (hp)/Shutterstock
Grafische Gestaltung Tjorven Boderius
Alle Rechte vorbehalten

© 2020 Piening, Holger
Herstellung und Verlag: BoD – Books on Demand, Norderstedt
ISBN: 9783751938211

Inhalt

DIE UNSICHTBARE GEFAHR

Wuhan, eine Acht-Millionen-Stadt am Jangtsekiang. Dort, in der zentralchinesischen Provinz Hubei, liegt Chinas größter Binnenhafen. Auf Großhandelsmärkten werden Fische und anderes Getier feilgeboten. Einer davon ist der Huanan Seafood Market. Neben Fisch, Meeresfrüchten und Fleisch gibt es lebende Wildtiere zu kaufen. Im dichten Nebeneinander von Mensch und Tier passiert es: Ein neuartiges Coronavirus, das ursprünglich Fledermäuse und später Schuppentiere befallen haben mag, geht auf einen Menschen über. Viren bedürfen der Unachtsamkeit. Vielleicht hat der Mensch ein infiziertes Tier berührt und sich später beiläufig mit der Hand über den Mund gewischt. Jedenfalls überwindet das neue Virus die Artenbarriere, mutiert und dockt an menschliche Zellen an. Es passt sich seinem neuen Wirt an und vermehrt sich in ihm. Der Erreger infiziert lautlos und zunächst unbemerkt. Der Mensch trägt ihn unwissentlich weiter...

Am 1. Dezember 2019 bemerkt einer der Infizierten erste Symptome. Nach und nach kommt eine Handvoll Einwohner mit Fieber und Husten in die Klinik. Manches deutet auf eine Lungenentzündung hin, aber sie verläuft untypisch. Die Behörden schalten sich ein, weisen aber die Möglichkeit einer Übertragung des Tiervirus von Mensch zu Mensch zunächst in weite Ferne. Am letzten Tag des Jahres informiert China die Weltgesundheitsorganisation (WHO). 27 Personen sind zu diesem Zeitpunkt offiziell mit dem neuen Coronavirus infiziert. Am 11. Januar 2020 stirbt der erste von ihnen. Zwölf Tage später wird Wuhan abgeriegelt, am 24. Januar hat der Virus europäischen Boden erreicht. In Deutschland wird am 27. Januar die erste Corona-Infektion bestätigt, die ersten beiden Toten sind am 9. März zu beklagen. Hunderte infizierte Menschen stehen allein in Bayern und Baden-Württemberg unter Quarantäne. Am 11. März erklärt die WHO die durch das Virus SARS-CoV-2 verursachte Ausbreitung von Coronaviren zur Pandemie. Für viele Millionen Menschen ändert sich nun schlagartig der Alltag...

Das Robert-Koch-Institut (RKI) stuft in seiner Risikoeinschätzung die Gefährdung für die Gesundheit der Bevölkerung in Deutschland seit dem 17. März als hoch ein, für Risikogruppen sogar als „sehr hoch". Am 18. März erklärt Bundeskanzlerin Merkel in einer ihrer seltenen Fernsehansprachen: „Es ist ernst. Nehmen Sie es auch ernst." Keine vier Wochen später zählt allein Europa 75 000 Corona-Tote. In einigen Ländern sind immer noch die Gesundheitssysteme überlastet. Im April 2020 sind 4,6 Milliarden Menschen weltweit von Ausgangsbeschränkungen betroffen.

Die Lungenkrankheit COVID-19 hat eine globale Gesundheitskrise ausgelöst, die zwangsläufig eine gravierende wirtschaftliche Krise nach sich zieht. Rettungskräfte und Krankenhauspersonal kämpfen ohne Zuschauer um jedes Leben, während das öffentliche Leben stillsteht. Niemand von uns hat so etwas je erlebt. Umso wichtiger sind zuverlässige Informationen über Krankheitszeichen, Schutzmaßnahmen, Krisenbewältigung und Hilfsangebote. 150 Fragen zu diesen und vielen anderen Themen rund um die aktuelle Pandemie werden in diesem Buch beantwortet. Der Krisenratgeber Corona wird Ihnen helfen, diese schwere Ausnahmesituation möglichst unbeschadet zu überstehen. Er fasst den aktuellen Wissensstand der Medizin zusammen, beschreibt alle Schutzmaßnahmen zur Vorbeugung, die persönlichen Vorsorgemaßnahmen und die Hilfsangebote des Staates.

Auch wenn die erste Infektionswelle im Mai 2020 abebbt, werden uns die neuen Corona-Regeln für den Alltag noch längere Zeit begleiten. Entwarnung kann es erst geben, wenn wirksame Medikamente und ein Impfstoff zur Verfügung stehen. Trotz zwischenzeitlicher Lockerungen ist deshalb weiter Vorsicht im Umgang mit der tückischen Infektionskrankheit zu empfehlen.

SYMPTOME ERKENNEN & HANDELN

SARS-CoV-2 und die Pandemie

1. Gab es schon vergleichbare Situationen?

Sich weltweit verbreitende Infektionskrankheiten gibt es immer wieder einmal. Allerdings sind in den vergangenen 100 Jahren nie derart weitreichende Schutzmaßnahmen für einen so großen Teil der Erdenbürger ergriffen worden wie in der jetzigen Corona-Krise. Zuletzt hatte die WHO 2009 die Influenza H1N1, besser bekannt als Schweinegrippe, zu einer Pandemie erklärt. Mindestens 18 000 Menschen starben daran, darunter 250 in Deutschland. Diese vergleichsweise sehr mild verlaufende Infektionskrankheit rief meist nur leichte Erkrankungen hervor. Dennoch wurde die Pandemiephase erst nach 14 Monaten offiziell aufgehoben.

Die erste Pandemie des 21. Jahrhunderts war SARS gewesen, die sich 2002/03 über die Kontinente verbreitete und nur den größten Teil Afrikas und den Nahen und Mittleren Osten verschonte. An ihr erkrankten über 8000 Personen, knapp 800 starben. Deutschland meldete neun Fälle, die Schweiz einen, Tote gab es hier nicht. Trotz dieser relativ geringen Zahlen wurde SARS im März 2003 zur Pandemie erklärt. Vier Monate später galt die Ausbreitung als eingedämmt, aber auch bei SARS wurde die Pandemie erst nach insgesamt 14 Monaten für beendet erklärt.

Das 20. Jahrhundert erlebte eine Reihe von Pandemien. Die Hongkong-Grippe von 1968/69 (1 Million Tote) galt als mild, die Asiatische Grippe 1957 (1,5 Millionen Tote) wurde als mäßige und die Spanische Grippe 1918/19 (ungefähr 40 Millionen Tote) als schwere Pandemie eingestuft. Seit der medizinischen Auswertung der Spanischen Grippe weiß man, dass ein zeitweises Verbot sozialer Kontakte sinnvoll ist. Während 1918 viele US-Städte Schulen, Küchen und Kinos schlossen und öffentliche Veranstaltungen untersagten, erlaubte Philadelphia noch eine große Parade. In der Folge starben dort im Verhältnis zur Einwohnerzahl fast doppelt so viele Menschen wie etwa in St. Louis.

2. Wie schwerwiegend ist diese Pandemie?

Sie ist ernst und wird uns wohl noch weit bis ins Jahr 2021 beschäftigen. Im Vergleich zur Schweinegrippe ist die Corona-Pandemie ungleich schwerer. Von daher ist eine eher längere Pandemiephase als die damaligen 14 Monate zu erwarten – zumal WHO-Generaldirektor Tedros Adhanom Ghebreyesus am 13. April 2020 darauf hinwies, dass das Virus „zehnmal tödlicher" sei als H1N1 und nur „sehr langsam" weiche.

Seit Januar hat sich das Coronavirus immer rasanter in der Welt ausgebreitet. Ohne Gegenmaßnahmen würde die Pandemie bis Ende 2020 weltweit mehr als 40 Millionen Menschen das Leben kosten, ergab eine Studie des Imperial College in London. Die fehlende Immunität in der Bevölkerung könnte langfristig dazu führen, dass viele sterben, obwohl das Virus gar nicht so tödlich ist. Denn wenn sich 60 oder sogar 70 Prozent der Bevölkerung mit dem neuen Coronavirus infizieren sollten, was Fachleute für möglich halten, wären das bis zu 56 Millionen allein in Deutschland. Dann könnte schon eine geringe Letalität möglicherweise Hunderttausende Tote in der Bundesrepublik bedeuten. Es besteht aber begründete Hoffnung, dass sich die Pandemie nach den weltweit getroffenen Vorsichtsmaßnahmen in einiger Zeit von selbst erledigt.

Bei der COVID-19-Pandemie handele sich weltweit und in Deutschland um eine sehr dynamische und ernst zu nehmende Situation, warnte das RKI am 17. März. Die Zahl der Corona-Toten in Europa stieg bis 12. April nach einer Zählung der Nachrichtenagentur AFP auf 75 000. 80 Prozent entfielen auf Italien (19 468), Spanien (16 972), Frankreich (13 832) und Großbritannien (9875). Am 26. Mai zählte AFP 172 824 Tote in Europa sowie 98 223 in den USA. Weltweit gab es demnach bisher 346 188 registrierte Todesfälle. Von den fünfeinhalb Millionen nachgewiesenen Ansteckungen wurden rund 70 Prozent aus Europa und den USA gemeldet. Die Zahl der weltweit Infizierten hat sich binnen eines Monats verdoppelt. In Europa hat die Pandemie ihren Höhepunkt überschritten. Damit ist die gesundheitliche Krise allerdings noch keineswegs ausgestanden.

Die deutsche Biostoffverordnung stuft Viren in vier Risikogruppen ein, je nach Infektionsrisiko und Gesundheitsgefährdung. SARS-CoV-2 landete neben SARS und HIV in der zweithöchsten Gruppe 3: „Biostoffe, die eine schwere Krankheit beim Menschen hervorrufen und eine ernste Gefahr für Beschäftigte darstellen können; die Gefahr einer Verbreitung in der Bevölkerung kann bestehen, doch ist normalerweise eine wirksame Vorbeugung oder Behandlung möglich." Als noch gefährlicher eingestuft ist, trotz geringerer Ansteckungswerte, Ebola. Die Schweinegrippe ist Gruppe 1 zugeteilt („unwahrscheinlich, dass sie beim Menschen eine Krankheit hervorruft"), Schnupfen- und Grippeviren zählen zu Gruppe 2.

3. Sind Viren Lebewesen?

Viren sind Krankheitserreger und viel kleiner als Bakterien. Sie bestehen aus umhülltem Erbgut. Sie können sich weder selbst bewegen noch fressen oder atmen. Weil sie keinen eigenen Stoffwechsel haben und für ihre Vermehrung Wirtszellen brauchen, zählen sie per Definition nicht zu den Lebewesen. Sie befallen Einzeller, Pilze, Pflanzen, Tiere oder Menschen. Haben sie ihre DNA oder RNA freigesetzt, muss die Wirtszelle Virus-Bestandteile herstellen und tausende neuer Erreger freisetzen. Können sie an keinen Wirt andocken, sterben Viren ab. Bis dahin aber bleiben sie trotzdem für eine Weile ansteckend. Coronaviren haben um ihre Ribonukleinsäure eine kugelförmige Hülle, von der Proteinmoleküle wie Zacken einer Krone abstehen (lateinisch: Corona). Sie sind für Viren relativ groß. Das neuartige Coronavirus misst etwa 80 bis 140 Nanometer im

Durchmesser, also ungefähr ein Zehntausendstel Millimeter. Die meisten Bakterien bringen es auf die zehn- bis 50-fache Länge.

4. SARS, Corona oder COVID?

Im Januar 2020 identifizierten chinesische Mediziner das neuartige Coronavirus. Es ähnelte SARS-CoV – dem Erreger der SARS-Pandemie von 2002/03, der das „Schwere akute Atemwegssyndrom" auslöste. Entsprechend erhielt die neue Variante, das „Wuhan-Coronavirus", die medizinische Bezeichnung SARS-CoV-2. Die von ihm verursachte Lungenkrankheit erhielt den Namen COVID-19, für coronavirus disease 2019. Im allgemeinen Sprachgebrauch kann mit Corona das Virus oder die Erkrankung gemeint sein.

5. Worin ähnelt COVID-19 der Seuche SARS?

Auch SARS war zuerst in China aufgetreten, in der Provinz Guangdong. Das verantwortliche Coronavirus übertrug sich auch zunächst von einem Tier auf den Menschen und zwischen Menschen dann besonders über Tröpfcheninfektion. Es verursachte ebenfalls zunächst grippeähnliche Symptome. Aber noch öfter als bei COVID-19 trat später eine schwere Lungenentzündung hinzu, was zu einer höheren Sterberate führte. Ein Impfstoff wurde nie gefunden, es konnten nur die Symptome der Patienten behandelt werden.

6. Wo liegen Gemeinsamkeiten mit Grippe und Erkältung?

Grippe-, Erkältungs- und Coronaviren verbreiten sich vor allem durch direkten Körperkontakt beim Küssen und Umarmen, durch Anhusten oder Niesen. Als größter Risikofaktor gelten unsere Hände. Etwa 80 Prozent aller Infektionskrankheiten werden durch sie übertragen, etwa durch Händeschütteln und Abklatschen. Wir fassen uns etwa alle vier bis fünf Minuten ins Gesicht. Das An-die-Nase-Fassen ist der häufigste Infektionsweg für Erkältungen. Ein Infizierter hat seine Umgebung schnell mit den Händen kontaminiert. Ob Türgriff, Treppengeländer oder Halteschlaufe im Stadtbus – dies alles kann Keime tragen. Eine solche Ansteckung über Gegenstände funktioniert allerdings seltener als die direkte Infektion von Mensch zu Mensch. Die in diesem Buch beschriebenen gesundheitlichen Schutzmaßnahmen wirken gegen Corona, Grippe und Erkältung gleichermaßen. Seit die Bürger strenger auf Hygiene achten und Kontakt- und Ausgangsregeln einhalten, dürfte die auch Zahl der Erkältungen insgesamt zurückgegangen sein.

7. Warum ist das neue Coronavirus so tückisch?

- Die Symptome sind einer Grippe zum Verwechseln ähnlich (siehe *Frage* 24)
- Am Anfang ist nicht vorherzusehen, ob die Erkrankung einen schweren Verlauf nehmen wird
- Viele Infizierte werden gar nicht erkannt, weil sie beschwerdefrei bleiben – in der nordrhein-westfälischen Gemeinde Gangelt waren der Heinsberg-Studie zufolge 22 Prozent der Angesteckten ohne wahrnehmbare Symptome
- Eine Ansteckung kann Schätzungen zufolge schon bis zu zweieinhalb Tage vor Auftreten von Krankheitszeichen erfolgen. Es sind sogar anders als bei SARS Fälle bekannt, in denen sich Personen bei Menschen angesteckt haben, die keinerlei Symptome zeigten.
- Während der SARS-Erreger vor allem Lungenzellen tief in den Bronchien befiel, haben SARS-CoV-2-Infizierte in der frühen Phase der Erkrankung sehr viele Viren im Rachenraum. Von dort können sie sich sehr leicht durch Husten weiterverbreiten
- Personen, die mithilfe eines Rachenabstrichs negativ auf das Coronavirus getestet wurden, können trotzdem noch ansteckend

sein: wenn sich das Virus im Lungenraum festgesetzt hat und im Rachen nur noch wenige Erreger sind

• Am Anfang einer neuen Epidemie wie COVID-19 gibt es gegen den unbekannten Erreger noch keine Grundimmunität der Bevölkerung. Jeder kann sozusagen jeden anstecken. Dagegen ist gegen die Grippe immer ein gewisser Prozentsatz immun durch das Überstehen der Krankheit oder Grippeschutzimpfung

• SARS-CoV-2 ist hochansteckend. Vor den Corona-Schutzmaßnahmen steckte ein Infizierter durchschnittlich 2,4 bis 3,3 weitere Menschen an. Die Zahl der Fälle verdoppelte sich alle zwei bis vier Tage. Bei der saisonalen Grippe beträgt die Übertragungsrate wegen der schon vorhandenen Grundimmunität im Schnitt nur 1,5. Für die Folgeentwicklung ist es ein riesiger Unterschied, ob jeder Infizierte einen, zwei oder drei weitere Personen ansteckt. Binnen Wochen konnte der neue Coronavirus Millionen Menschen infizieren. In stark betroffenen Staaten wie Italien und den USA war es zeitweise nicht mehr möglich, alle Schwerkranken gleichzeitig auf den Intensivstationen zu versorgen. Die Grippe braucht dagegen mehrere Monate, um sich etwa in Deutschland auszubreiten, in der Regel grassiert sie von Oktober bis März. Es gibt weniger Krankheitsfälle, der Zeitraum ist länger, und Praxen und Kliniken sind auf darauf eingestellt. In den sechs Monaten der vergangenen Grippesaison haben schätzungsweise 5 Prozent der Bevölkerung wegen Influenza eine Haus- oder Kinderarztpraxis aufgesucht. Influenzaviren gehen in manchen Jahren verstärkt noch bis Mitte Mai um.

• Gegen COVID-19 ist bisher keine Impfung möglich

• COVID-19 ist tödlicher als die Grippe. In der oft zum Vergleich herangezogenen Grippesaison 2012/13 erlagen schätzungsweise 20 000 Deutsche der Influenza. Für 2017/18 sprach RKI-Chef Wieler von 25 000 Toten (*Ärzteblatt* 30.9.2019), doch sind diese Zahlen mit großen Unsicherheiten behaftet. In anderen Jahren sind nur wenige hundert Todesfälle auf eine Grippewelle zurückzuführen.

Datum	Zahl der Infizierten	Verdopplung in Tagen
27. Januar 2020	1	½
28. Januar	4	4
1. Februar	8	10
11. Februar	16	16
27. Februar	48	2
29. Februar	119	3
3. März	219	2
5. März	576	4
9. März	1236	3
12. März	2777	3
15. März	5780	3
18. März	11 877	3
21. März	25 101	6
27. März	53 067	11
7. April 2020	107 826	vorr. weit über 100

Tabelle 1: Infektionsfälle in Deutschland seit 27. Januar 2020 und rechnerische Verdopplungszeit. Die Verdopplungszeit verlangsamt sich real gegen Schluss weiter, weil die Statistik auch immer mehr gesund gewordene Menschen enthält. Genesene sind nicht meldepflichtig.

Mögliche Ansteckungswege

8. Welche Übertragungswege sind beim neuen Coronavirus möglich?

Bei der Übertragung von SARS-CoV-2 ist der Hauptweg die **Tröpfcheninfektion**. Das heißt: Virushaltige Tröpfchen aus den Atemwegen des einen gelangen an die Schleimhäute der Nase, des Mundes oder auch der Augen des anderen. Dazu kann es beispielsweise kommen, wenn jemand in der Nähe hustet oder gar niest und man winzige Tropfen dieses Schwalls einatmet. Auch wenn sich zwei Menschen etwas länger unterhalten, können Spuren der Flüssigkeit an den sensiblen Stellen landen. Für die Erreger sind diese Eingangspforten sehr nützlich. Dort treffen sie auf Beförderungsmöglichkeiten ins Körperinnere, etwa mit dem Atem. Ein hohes Ansteckungsrisiko wird vermutet, wenn man mindestens 15 Minuten mit einem am neuen Coronavirus Erkrankten gesprochen hat beziehungsweise von ihm angehustet oder angeniest worden ist. Beim lauten Sprechen kann ein Mensch mehr als tausend virusbelastete Tröpfchen produzieren und die allein dabei ausgestoßenen Mikrotröpfchen können in einem geschlossenen Raum mehr als zehn Minuten lang in der Luft bleiben (*Proceedings of the National Academy of Sciences of the United States of America*, 13.5.2020). In Innenräumen können auch winzige in der Luft schwebende Aerosole nach neuesten Erkenntnissen SARS-CoV-2 verbreiten, wenn eine ausreichende Menge eingeatmet wird. Diese Gefahr lässt sich die Begrenzung der Personenzahl in einem Raum und durch regelmäßiges Lüften reduzieren.

Zweitens ist eine direkte **Kontaktübertragung** möglich durch Berührung anderer Menschen, sprich: Hautkontakt. Jemand schüttelt einem Infizierten die Hand und fässt sich später unbewusst ins Gesicht. Damit befördert er die Viren womöglich direkt an Mund- oder

Nasenschleimhaut oder Augenbindehaut. Dafür kann es schon ausreichen, sich das Kinn zu kraulen oder etwas mit den Fingern zu essen. Unsere Hand spielt das Taxi für Viren, die eine Eingangspforte in unseren Körper suchen. Natürlich kann Corona beim Küssen übertragen werden – weil dabei Speichel ausgetauscht wird und sich Sars-CoV-2 nach neuen Erkenntnissen bereits im Rachen festsetzen und stark vermehren kann, bevor er die Lunge befällt. Auch das herzliche Umarmen eines Bekannten ist in Pandemiezeiten ein Risiko. Ob nun durch Tröpfchen- oder Kontaktübertragung: Die folgenschweren Infektionen ganz zu Beginn der Pandemie in Europa passierten unter anderem bei Fußballspielen im norditalienischen Bergamo und beim Aprés-Ski in Ischgl (Österreich). Beim engen Beisammensein von Gruppen für längere Zeit verbreitete sich das Virus offensichtlich am schnellsten.

Drittens kann, wenn auch seltener, eine indirekte **Schmierinfektion** vorkommen, die am ehesten über die Hände passiert: Etwa wenn ein Mensch einen Lichtschalter oder einen Wasserhahn anfässt, auf dem ein Infizierter Viren hinterlassen hat. Berührt derjenige dann Mund, Nase oder Augen, kann es zur Ansteckung kommen. Einer WHO-Analyse zufolge wird das Coronavirus auf seinem Weg durch den Darm nicht zerstört und findet sich noch in menschlichem Kot wieder. Ob es dort noch vermehrungsfähig ist, ist unklar. Es ist bisher nicht auszuschließen, dass schon der Kontakt mit dem Stuhl, Urin oder Erbrochenen von infizierten Personen in Ausnahmefällen zu einer Ansteckung führen kann. Wir wissen bei Erregern von Magen-Darm-Infektionen, dass diese sich durch kleinste Spuren von Stuhlresten oder Erbrochenem an den Händen verbreiten. Es empfiehlt sich, auf der Toilette besonders auf Hygiene zu achten.

9. Wie lange können Coronaviren auf Gegenständen überleben?

Die Frage ist sehr interessant zur Einschätzung unseres Ansteckungsrisikos im Alltag, ob bei der Annahme eines Pakets oder dem Benutzen eines Wasserhahns an der Arbeitsstätte. Wissenschaftler sind bei Coronaviren zu den in *Tabelle 1* gezeigten Ergebnissen gelangt. In allen Fällen geschah der Abbau nicht gleichmäßig, sondern beschleunigte sich exponentiell. In Tröpfchen in der Luft nahm die Konzentration des Virus ebenfalls schnell ab. Nach drei Stunden hatte sie sich um mehr als 90 Prozent verringert.

Hohe Luftfeuchte und Kälte scheinen günstig für Coronaviren zu sein. Auf metallischen Oberflächen trocknet das Virus schnell ein. Aber in Ausnahmefällen waren Coronaviren bis zu 9 Tage auf Oberflächen wie Edelstahl und Kunststoff feststellbar. Auch auf Banknoten sind sie noch nach Tagen gefunden worden. Ob aber die Menge reichen würde, um über die Hände auf die Nasenschleimhaut übertragen zu werden und eine Ansteckung auszulösen, darf stark bezweifelt werden.

Zum Vergleich: Schnupfenviren (Rhinoviren) waren bei Tests in Hotelzimmern auf Lichtschaltern oder Fernbedienungen noch etwa einen Tag ansteckend, maximal können sie eine Woche infektiös bleiben. Grippeviren bleiben außerhalb des Körpers zwei Tage infektiös, in Ausnahmefällen bis zu zwei Wochen. Forscher haben einmal Bakteriophagen, die sich ähnlich wie Viren verhalten, versuchsweise auf einem Türgriff platziert. Sie konnten beim Öffnen der Tür an 14 Personen weitergegeben werden. Diese Menschen infizierten dann noch insgesamt sechs weitere Personen beim Händeschütteln mit den Keimen. Es braucht aber in der Regel schon eine gewisse Virenmenge, damit ein Mensch krank wird. Nimmt er nur wenige Viren auf, ist die Chance groß, dass der Körper rechtzeitig ausreichend Abwehrkräfte mobilisiert.

Oberfläche bzw. Umgebung	Umgebungs-temperatur	Überlebenszeit
Hände	20-ca. 30 Grad	unter 5 Minuten
Nasensekret	56 Grad	30 Minuten
Kupfer (kleine Geldmünzen)		bis 4 Stunden
Nicht gewebter Stoff	10-15 Grad	unter 8 Stunden
Papier/Pappe/Karton		bis 24 Stunden
Rostfreier Stahl (Besteck, Türgriff)	10-ca. 15 Grad ?	24 Stunden bis 2 Tage
Plastik		maximal 2-3 Tage
Holz	10-15 Grad	48 Stunden
75-prozentiger Alkohol und Bleiche	jede Temperatur	unter 5 Minuten
Flüssigkeit	75 Grad	15 Minuten
Luft	10-ca. 15 Grad 25 Grad	3-4 Stunden 2-3 Minuten
Tröpfchen	unter 25 Grad	24 Stunden

Tabelle 2: So widerstandsfähig sind Coronaviren in verschiedenen Umgebungen

10. Kann ich mich an Briefen und Paketen anstecken?

Eine Übertragung des neuartigen Coronavirus über Brief- oder Paketsendungen ist unwahrscheinlich, so das Bundesinstitut für Risikobewertung. Es gibt auch keinen Beleg, dass aus dem Ausland eingeführte Lebensmittel oder andere Waren wie Kleidung und Spielsachen eine Infektionsquelle sein könnten. Die Menge an frischem Erreger müsste für eine Übertragung schon sehr hoch sein. Man sollte sich nur nach dem Auspacken eines Pakets die Hände waschen. Auch wenn die erworbenen Waren einfach erst einmal längere Zeit stehengelassen werden, sterben etwaige Coronaviren darauf ab.

11. Soll ich jetzt lieber auf Barzahlung im Supermarkt verzichten?

Dass dieses Virus über Banknoten oder Münzen weitergegeben wird, ist grundsätzlich möglich, gilt aber laut Medizinern nicht als bedeutsamer Übertragungsweg. Die Bundesbank beruhigt: Von Münzen und Scheinen geht kein besonderes Ansteckungsrisiko aus. 10- und 20-Euro-Scheine sind mit einem Lack gegen Verschmutzung versehen. Schmutzige Banknoten werden grundsätzlich ausgetauscht. Auch beim Zahlen mit Karte, etwa wenn man die PIN eingibt, ist es denkbar, Viren zu verteilen oder aufzusammeln. Der IT-Branchenverband Bitkom fordert, flächendeckend das kontaktlose Bezahlen mit Apps auf Smartphone oder Smartwatch zu ermöglichen. Dabei berührt nur der Kunde sein Gerät, der Verkäufer kommt damit überhaupt nicht in Berührung. Für das kontaktlose Zahlen mit der Girokarte an Tankstellen und in Geschäften hat die Kreditwirtschaft am 15. April 2020 das Limit von 25 auf 50 Euro verdoppelt. Zunächst galt dies allerdings nur bei Händlern in Hamburg, München, Frankfurt und Kassel. Flächendeckend soll der Höchstbetrag in den kommenden Monaten eingeführt werden. Spätestens nach fünf Transaktionen muss aber wieder die Geheimnummer eingetippt werden.

12. Kann meine Hauskatze mich infizieren?

Coronaviren befallen auch Katzen, und vermutlich schafft dies auch SARS-CoV-2. Das Risiko, dass eine Katze einen Menschen damit anstecken kann, gilt bisher als eher gering. Sie müsste dann wohl öfter das Gesicht von Herrchen oder Frauchen lecken. Beim Streicheln des Fells geht die Wahrscheinlichkeit vermutlich gegen Null. Infizierte Menschen sollten dagegen vorsichtshalber bei ihrer Katze Mund-Nasen-Schutz tragen und sich vor dem Streicheln die Hände waschen.

13. Was ist mit Hunden?

Hinweise, dass Hunde an COVID-19 erkranken, sind extrem selten. In diesen sehr wenigen Fällen wurde auch nicht vermutet, dass sie den Virus auf Menschen übertragen könnten. Die bei Hunden bekannten Coronaviren, die etwa Durchfall erregen, sind für den Menschen harmlos. Hunde müssen nach bisherigem Wissensstand nicht besonders vor Corona-kranken Menschen geschützt werden. Auch bei SARS war 2003 das Virus bei Haustieren festgestellt worden. Diese erkrankten jedoch nie.

14. Muss ich mich jetzt besonders vor Mückenstichen vorsehen?

Für eine Übertragung des neuen Coronavirus durch Stechmücken gibt es keine Hinweise.

Krankheitsverlauf und Risikogruppen

15. Wie lange dauert es, bis die Erkrankung nach Ansteckung ausbricht?

Die Inkubationszeit von der Infektion bis zum Ausbruch liegt bei COVID-19 bei zwei bis 14 Tagen. Im Durchschnitt treten nach fünf bis sechs Tagen erste Symptome auf. Während der Inkubationszeit und noch im ganzen Verlauf der Krankheit kann der Patient das Virus weitertragen. Noch acht Tage nach den ersten Krankheitsanzeichen finden sich in Abstrichen vermehrungsfähige Viren, im Höchstfall dürften es 18 Tage nach Ausbruch sein.

16. Wie verläuft eine Corona-Erkrankung?

Welche Symptome jeweils zuerst auftreten, lässt sich nicht allgemeingültig sagen. Fieber, Husten, Schnupfen können erste Anzeichen sein, müssen es aber nicht. Nur anhand erster Symptome ist COVID-19 schwer zu diagnostizieren. Auch gibt es keinen typischen Krankheitsverlauf. COVID-19 variiert von symptomlosen, ja unbemerkten Verläufen bis zu schweren Lungenentzündungen mit Organversagen und Tod. Eine mit SARS-CoV-2 zusammenhängende Lungenentzündung entwickelt sich schleichender als die typische Lungenentzündung und wird deshalb häufiger nicht gleich erkannt und verschleppt, bis mehr und mehr Gewebe entzündet ist. Als Reaktion sammelt sich im Lungengewebe Flüssigkeit. Schwer Erkrankte berichten von einem Gefühl des Ertrinkens. Zur Therapie kann das Zuführen von Sauerstoff über eine Nasenkanüle oder eine Beatmungsmaske gehören. Bei sehr schwerem Verlauf brauchen Patienten ein Beatmungsgerät und werden ins künstliche Koma versetzt.

Es ist wohl so, dass bei einem milden Verlauf die Viren in den oberen Atemwegen bleiben, etwa im Rachen, und da den Infekt auslösen. Schaffen sie es bis in die unteren Atemwege, sind die Folgen schwerwiegender. Schlechte Karten haben deshalb Kranke, bei denen die Flimmerhärchen auf den Lungenzellen bereits vorher verschleimt waren. Statt dass sie Schmutz und Erreger in Richtung Luftröhre zurückdrängen, bleiben Viren im Schleim hängen. Auch wer starke Abwehrkräfte hat, kann sich das Coronavirus „einfangen". Aber er oder sie hat bessere Chancen auf einen glimpflichen Verlauf der Infektion, weshalb Sie in diesem Buch Tipps zur Stärkung des Immunsystems finden (siehe *Frage 95*).

Die leichten Erkrankungen dauern durchschnittlich zwei Wochen, dann sind die meisten ohne Behandlung gesund. Es gibt aber Fälle, in denen sich COVID-19 nach ungefähr einer Woche verschlimmert, indem sich eine Lungenentzündung entwickelt und Atemnot auftritt.

Dann ist es wichtig, schnell in ein Krankenhaus zu kommen. Etwa in der dritten Woche kann sich der Zustand weiter verschlechtern. Die schweren Verläufe dauern drei bis sechs Wochen. Bei den verstorbenen Patienten lag der Todeszeitpunkt im Mittel drei Wochen nach der Ansteckung.

Berichte häufen sich, nach denen bei schweren Verläufen das Risiko einer Thrombose hoch ist. Häufig sind Immun-Überreaktionen bei Schwererkrankten das größte Problem. Wenn Viren eingedrungen sind, bildet der Körper Zytokine. Der „Zytokin-Sturm" kann zu Organversagen führen (siehe auch *Frage 43*).

Nach Zahlen von Mitte April verlaufen 81 Prozent der Erkrankungen milde, manche bemerken sie nicht einmal. 14 Prozent verlaufen schwer, aber nicht lebensbedrohlich. In fünf Prozent der Fälle nimmt COVID-19 einen kritischen Verlauf, von diesen Patienten kann in Deutschland noch fast jeder Zweite gerettet werden – etwa 3 Prozent sterben. Italien und Großbritannien weisen dagegen eine Letalitätsrate von 13 Prozent aus. Dies liegt zum Teil an einer anderen Erfassung und weniger Tests liegt, aber Deutschland hat auch ein vergleichsweise gut funktionierendes Gesundheitssystem und hält relativ viele Krankenhausbetten vor.

17. Welche Risikogruppen sind besonders gefährdet, schwer zu erkranken?

• Risikopatienten sind vor allem ältere Personen. Obwohl jüngere sich ebenso anstecken, zeigen die Statistiken einen sehr eindeutigen Zusammenhang mit dem Lebensalter. Die Altersgrenze für diese Risikogruppe wurde am Anfang von COVID-19 bei 60 Jahren gezogen, inzwischen weisen die Seite *www.infektionsschutz.de* und das RKI auf ein „stetig steigendes Risiko für schweren Verlauf ab etwa 50 bis 60 Jahren" hin. Ab diesem Alter nehmen Todesfälle und auch die schweren Krankheitsverläufe ohne tödliches Ende immer mehr zu. Bei Personen zwischen 50 und 59 Jahren wird von einem „allein aufgrund des Alters leicht erhöhtem Risiko" ausgegangen. Hier besteht zum Beispiel für Lehrer oder in der Kindertagespflege noch „keine automatische Risikovermutung". Mit 60 beginnt dann endgültig die Zugehörigkeit zu einer Risikogruppe. Je älter ein Patient ist, desto risikoreicher ist eine Corona-Erkrankung für ihn. Nur 19 Prozent der insgesamt Infizierten in Deutschland waren 70 Jahre oder älter – aber 87 Prozent der Verstorbenen. Das Durchschnittsalter bei den Todesfällen beträgt 81 Jahre (Stand 1. Mai). Grund dürfte das im Alter weniger gut reagierende Immunsystem sein. Dadurch fehlt mitunter eine Fieberreaktion, so dass auch erst später ein Arzt aufgesucht wird. Ältere haben übrigens auch bei der Grippe das höchste Risiko für schwere Verläufe und Todesfälle.
• Personen mit bestimmten Vorerkrankungen (siehe *Frage 19*)
• Patienten in der Tumorbehandlung
• Personen mit unterdrücktem Immunsystem
• Raucher
• Männer. Keine ausdrücklichen Risikopatienten, aber häufiger bei den schweren und tödlichen Fällen vertreten

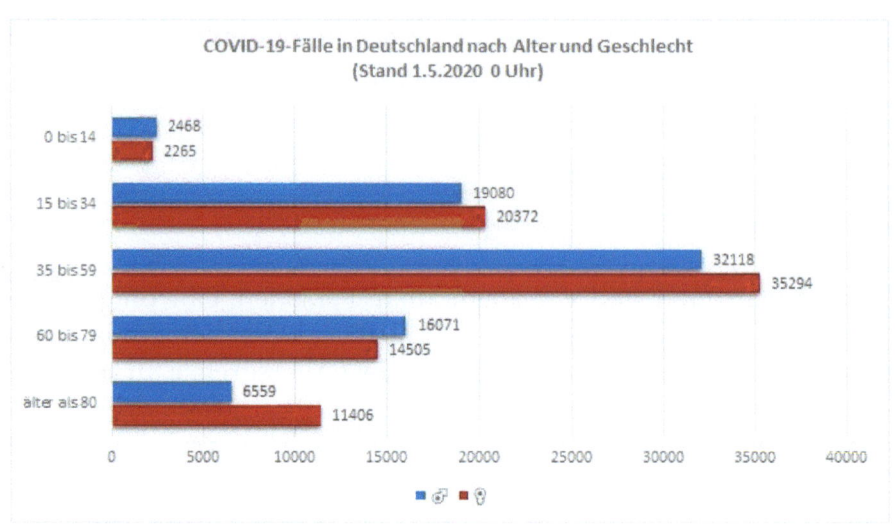

Grafik 1: Junge werden vom Coronavirus ebenso befallen wie Ältere (RKI).

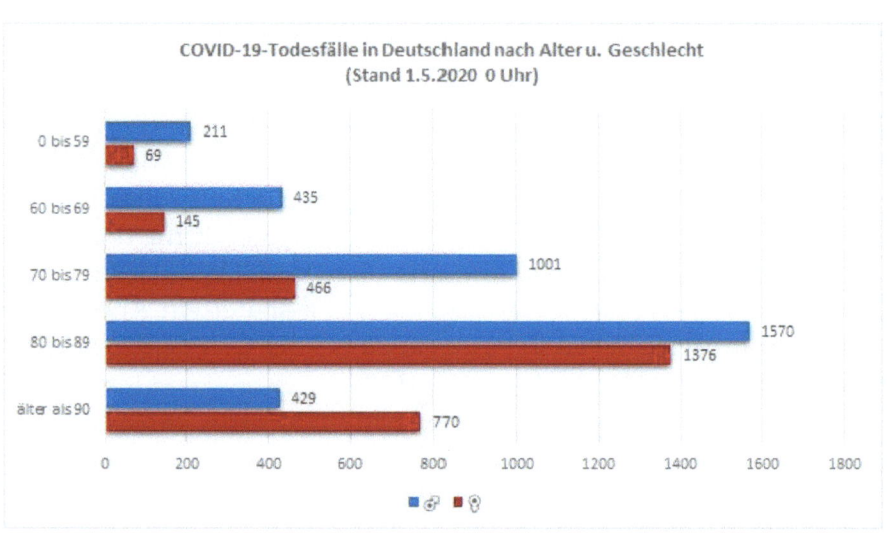

Grafik 2: Bei den 6472 Todesfällen betrug der Altersschnitt 81 Jahre (RKI).

18. Gibt es schwere Verläufe auch außerhalb der Risikogruppen?

Ja, wenn auch viel seltener. WHO-Chef Tedros warnte am 21. März Jüngere vor leichtsinnigem Verhalten. „Sie sind nicht unbesiegbar. Dieses Virus könnte Sie wochenlang ins Krankenhaus bringen oder sogar töten." Gerade bei starkem Übergewicht oder bei noch nicht diagnostizierten Vorerkrankungen, mit denen eine Reihe junger Leute leben, kann es auch für sie gefährlich werden.

19. Welche Vorerkrankungen sind kritisch?

• Herz-Kreislauf-Erkrankungen wie z.B. eine koronare Herzerkrankung
• Bluthochdruck
• chronische Lungenerkrankungen wie Lungenfibrose, Bronchitis, Asthma und COPD
• Diabetes mellitus (Zuckerkrankheit)
• Krebserkrankungen
• Erkrankungen der Leber
• Erkrankungen der Niere
• empfangenes Spenderorgan
• Autoimmunerkrankungen und
• eine Schwächung des Immunsystems, ob angeboren, durch Krankheit oder Medikamente wie Cortison
Menschen mit Vorerkrankungen sollten sich unbedingt an die empfohlenen Hygienemaßnahmen und Kontaktbeschränkungen halten. Bei Diabetes schwächt ein zu hoher Blutzuckerspiegel die Abwehrzellen, Betroffene sollten eine gute Blutzuckereinstellung beachten. Eine überstandene und vollständig auskurierte Lungenentzündung in den letzten drei Jahren zählt nicht zu den kritischen Vorerkrankungen.

20. Ergibt es Sinn, jetzt sofort mit dem Rauchen aufzuhören?

Ja, denn mehrere Vorerkrankungen sind tabakbedingt. Die Schleimhaut der oberen Atemwege ist bei Rauchern leicht entzündet. Zudem sind die wichtigen Flimmerhärchen auf den Lungenzellen schon nach einer Zigarette für etwa acht Stunden außer Gefecht gesetzt. Zwar ist nicht jeder starke Raucher automatisch vorerkrankt, aber nach Daten aus China haben mit Corona infizierte Raucher ein 2,4 Mal so hohes Risiko, beatmet werden zu müssen, als Nichtraucher. Je eher man aufhöre, desto schneller schwächten sich die Gesundheitsrisiken durch den Tabakkonsum ab, erklärte das Deutsche Krebsforschungszentrum in Heidelberg (*Bild online 13.4.2020*). Die dadurch erhöhte Fitness könne schwere Verläufe vermutlich abmildern.

21. Was ist mit Allergikern?

Personen mit Heuschnupfen und Patienten mit einem allergischen Asthma durch Pollen haben keine verminderte immunologische Abwehr, so die Stiftung Deutscher Polleninformationsdienst. Ihr Risiko, sich mit dem Coronavirus zu infizieren, ist deshalb nicht erhöht. Doch wie können sie sicher sein, dass ihr Husten und ihre Atemnot im Frühjahr nicht Anzeichen von COVID-19 sind? Ratsam ist zum einen, sich zu erinnern, ob die laufende Nase und das Tränen der Augen nicht schon so im Vorjahr auftraten. Auch wenn Fieber fehlt, ist von einem normalen Heuschnupfen auszugehen. Zum anderen sollte eine Pollenflug-App genutzt werden zur Vergewisserung, ob die aktuelle Belastung erhöht ist.

22. Wie gefährdet sind Kinder?

In den ersten Lebensjahren reift das Abwehrsystem von Kindern und „trainiert" erst den Schutz vor vielen Erregern. Das macht besonders Kleinkinder anfälliger für Infektionen. Im Alter zwischen zwei und sechs Jahren sind bis zu zwölf leichte Infekte pro Jahr normal. Diese werden dann auch schnell an Eltern und Geschwister übertragen.

Kinder stecken sich ähnlich oft wie Erwachsene mit dem neuen Coronavirus an, werden aber viel seltener ernsthaft krank. Der Virologe Schmidt-Chanasit hält es zum Beispiel für möglich, dass die Bindungsstellen, die das Virus braucht, um in die menschliche Zelle einzudringen, weniger stark ausgebildet sind als bei Älteren. Besondere Vorsicht ist auch bei Kindern mit Vorerkrankungen geboten. Mitunter haben sie auch nicht erkannte Immunschwächen. Kinder können sich leicht infizieren, wenn sie beim Spielen nicht den nötigen Abstand halten und die Hygienetechniken nicht sicher beherrschen. Möglicherweise infizierte Kinder sollten zu Hause so gut es geht isoliert werden. Besuche bei den Großeltern sollten unterlassen werden, wenn diese zu den Risikogruppen gehören.

Auch für Kinder und Jugendliche gilt, dass sich nicht mehr als zwei Personen treffen sollen. Die Wahrscheinlichkeit einer Übertragung ist im Freien geringer als in geschlossenen Räumen. Trotzdem sollten Kinder und Jugendliche, die keinen Abstand zu anderen halten können oder wollen, zu Hause bleiben.

23. Wie sollten sich Schwangere verhalten?

Bisher gibt es keine Hinweise darauf, dass sie einem erhöhten Risiko ausgesetzt wären. Allerdings verändert sich das Immunsystem in der Schwangerschaft, und Atemwegsinfektionen könnten sie stark treffen. Deshalb brauchen werdende Mütter jetzt besondere Fürsorge und Unterstützung. Schwangere Frauen selbst sollten alle

Vorkehrungen treffen, um sich und ihr Baby zu schützen. Eine Grippeimpfung wird ihnen besonders empfohlen. Die Körperpflegeroutinen sollten beibehalten werden. Wenn sie COVID-19-Symptome bemerken, sollten sie umgehend Rücksprache mit ihrem Arzt halten. Die WHO empfiehlt, Schwangere bei Corona-Tests vorzuziehen. Bei einem positiven Ergebnis sollten sie besonders eng begleitet werden.

Nach der Entbindung können auch Frauen mit COVID-19 stillen, wenn sie möchten. Sie sollten aber eine Maske dabei tragen und gegebenenfalls nur in den Ellenbogen oder in ein Papiertaschentuch husten und niesen. Alle von ihnen angefassten Oberflächen sollten sie regelmäßig sauber halten und desinfizieren. Natürlich darf und soll enger Kontakt zwischen Mutter und Baby bestehen. Denken Sie nur daran, sich vor und nach dem Berühren des Kindes die Hände zu waschen. Kinder von Corona-kranken Müttern können infiziert sein, kommen aber in den meisten Fällen ohne Krankheitszeichen zur Welt. In Muttermilch ist das Virus erstmals im Mai 2020 von Virologen der Universität Ulm gefunden worden. Ob sich in dem Fall der Säugling der Mutter auf diesem Wege angesteckt hat, ist unklar.

Anzeichen von COVID-19 und Diagnose

24. Welche Symptome treten bei „Corona" auf?

Manche Menschen bemerken eine Erkrankung an COVID-19 gar nicht, andere verspüren nur ein harmloses Halskratzen und bekommen keine weiteren Beschwerden. Die möglichen Anzeichen für eine Infektion können vielfältig sein:
- trockener Husten
- Fieber
- Kurzatmigkeit bis hin zu später auftretender Atemnot (s. *Frage 26*)
- Auswurf
- Gliederschmerzen
- Krankheitsgefühl, Unwohlsein
- Müdigkeit, Abgeschlagenheit
- Verlust des Geruchs- und Geschmackssinns (in einer britischen Studie gaben das fast 60 Prozent der Erkrankten an)
- Kopfschmerzen
- Kaumuskel- und Kiefergelenkschmerzen
- Halsschmerzen
- Frösteln, Schüttelfrost
- Schnupfen, verstopfte Nase
- Durchfall (selten)
- Übelkeit, Erbrechen (selten)

Auch eine
- Herzmuskelentzündung (kann sich z.B. in Brustschmerzen, Atemnot und Herzrhythmusstörungen äußern) und eine
- Bindehautentzündung am Auge

können auf COVID-19 hinweisen. Trockener Husten und Fieber treten häufig als erste Krankheitszeichen auf. *Grafik 1* zeigt die Häufigkeit bestimmter Symptome. Für eine Diagnose ist das aber noch keineswegs hinreichend. Es gibt zudem Corona-Fälle, bei denen die

Patienten ganz untypische Symptome hatten und der Befund nur zufällig zustande kam.

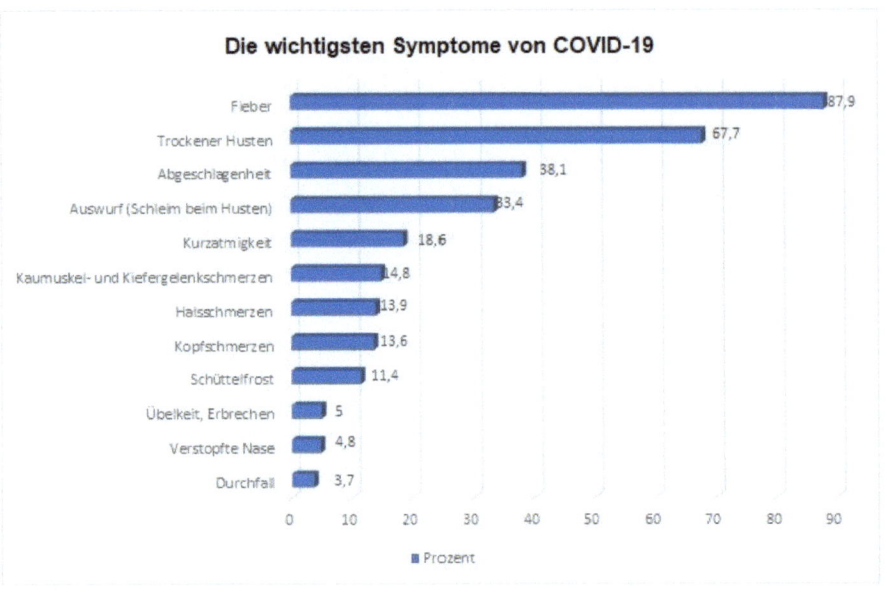

Die wichtigsten Symptome von COVID-19

Symptom	Prozent
Fieber	87,9
Trockener Husten	67,7
Abgeschlagenheit	38,1
Auswurf (Schleim beim Husten)	33,4
Kurzatmigkeit	18,6
Kaumuskel- und Kiefergelenkschmerzen	14,8
Halsschmerzen	13,9
Kopfschmerzen	13,6
Schüttelfrost	11,4
Übelkeit, Erbrechen	5
Verstopfte Nase	4,8
Durchfall	3,7

Grafik 3: Symptome der Corona-Krankheit, basierend auf 55 924 bestätig-ten COVID-19-Fällen in China (Stand 20.2.2020)   *Quelle: WHO*

25. Woran erkenne ich, ob es Corona, eine Grippe oder eine Erkältung ist?

Eine Infektion mit SARS-CoV-2 ist schwierig zu diagnostizieren, weil andere Erreger von Atemwegserkrankungen dieselben Symptome hervorrufen können – vom Halskratzen über Fieber bis hin zu Atembeschwerden. Zur Einschätzung hilfreich sind Kenntnisse über Grippe- und Erkältungsanzeichen sowie zum aktuellen Infektionsgeschehen in Ihrer Region.

Stagnieren in Ihrem Kreis oder Ihrer Stadt die Coronafälle und haben Sie alle Regeln eingehalten, dann ist das Risiko, dass Sie mit SARS-CoV-2 infiziert sind, gering. Wahrscheinlicher sind Ihre Beschwerden auf eine Grippe oder Erkältung zurückzuführen. Ihr Hausarzt weiß, was gerade „rumgeht".

Eine Grippe wird durch Influenzaviren ausgelöst. Erkältungen beruhen nicht in erster Linie auf einer Verkühlung, sondern gehen auf rund 200 verschiedene Erreger zurück, darunter Rhino- und Coronaviren. Allen gemeinsam ist, dass sie typischerweise durch Tröpfcheninfektion übertragen werden, also zum Beispiel beim angeregten Unterhalten.

Gegen die jeweils letzten Grippeviren kann man sich impfen lassen, Impfstoffe gegen Erkältungsviren gibt es nicht. Von einer Erkältung kennen Sie Halsschmerzen, Schnupfen und etwas Husten. Fieber ist selten. Bei Grippe und Corona haben Patienten dagegen häufig trockenen Husten und Fieber. Bei Corona steigt das Fieber in der Regel langsamer als bei einer Grippe, wo plötzlich 38 bis 40 Grad auftreten, und bleibt dafür länger konstant. Das Gefühl des Fröstelns können Sie auch bei einer gewöhnlichen Erkältung haben, und Atemprobleme bei einer Grippe. Der Verlust des Geruchs- und Geschmackssinns ist ebenso wenig ein Alleinstellungsmerkmal für COVID-19, denn es ist auch bei den anderen Atemwegsinfektionen nicht selten.

Tabelle 3 vergleicht die Symptome bei COVID-19, echter Grippe und Erkältung. Was nur bei COVID-19 auftritt, wäre demnach Kurzatmigkeit (laut *Grafik 3* auch nur in jedem fünften Fall). Der Erkrankte wird bei leichten Belastungen wie einem Spaziergang oder dem Steigen weniger Treppenstufen schneller als sonst kurzatmig – oder bereits beim Sitzen oder Liegen. Achten Sie darauf, ob sich das Symptom verstärkt. Atembeschwerden können indessen auch bei einer schweren Grippe auftreten.

Mit Blick auf den Krankheitsverlauf (s. *Frage 16*) ist es wichtig zu wissen, dass leichte Beschwerden in 80 Prozent der Fälle nach zehn bis 14 Tagen abklingen. Breitet sich der Erreger aber in die unteren

Symptome	Coronavirus	Grippe	Erkältung
Fieber	häufig	häufig*	selten
Husten	häufig (trocken)	häufig (trocken)	wenig
Müdigkeit	manchmal	häufig**	manchmal
Kurzatmigkeit	manchmal	nein	nein
Gliederschmerzen	manchmal	häufig	häufig
Halsschmerzen	manchmal	manchmal	häufig
Kopfschmerzen	manchmal	häufig	selten
Schnupfen	selten***	manchmal	häufig
Durchfall	selten	manchmal (Kinder)	nein
Niesen	nein	nein	häufig

plötzlicher Beginn mit 38-40 Grad, Dauer 3-4 Tage
**kann 2-3 Wochen andauern*
***In Deutschland aber von etwa jedem vierten Patienten empfunden*

Tabelle 3: Die wichtigsten Unterschiede zwischen Corona, Grippe und Erkältung   Quelle: WHO u.a.

Atemwege aus, kommt es zu einem deutlich schwereren Verlauf, einer sogenannten atypischen Lungenentzündung. Wer sogar in der Klinik behandelt werden muss, dessen Genesung kann bis zu sechs Wochen dauern. Verständlich, dass man wissen möchte, woran man ist. Aber die Erkrankung in der Frühphase sicher zu diagnostizieren, ist ohne Labortest auch für erfahrene Ärzte nahezu unmöglich.

Ein Anhaltspunkt zur Einschätzung ist die Kenntnis darüber, welche Viren gerade in der Bevölkerung zirkulieren. Mitten in einer Grippewelle ist die Wahrscheinlichkeit, dass Ihre Beschwerden daher rühren, höher als die Wahrscheinlichkeit, an COVID-19 zu leiden. Informationen über die jeweils zirkulierenden Atemwegsviren hält die Arbeitsgemeinschaft Influenza bereit unter der Internetadresse *https://influenza.rki.de/*

26. Was gilt als Atemnot?

Sie haben Schwierigkeiten beim Atmen, bekommen schon bei der kleinsten Anstrengung schlecht Luft. Oder Sie haben beim Sitzen oder Liegen das Gefühl von Luftnot. Oder Sie verspüren beim Aufstehen aus dem Bett oder vom Stuhl Atemnot. Weitere Anzeichen sind: Weitstellung der Nasenflügel bei jedem Atemzug, blaues Anlaufen besonders der Lippen, ungewöhnliche Atemgeräusche. Die Atemfrequenz liegt bei Jugendlichen und Erwachsenen normalerweise bei etwa 12 bis 18 Atemzügen pro Minute, bei Ihnen aber über 20. Wenn dies nicht aus Blutdruckmessung oder EKG ermittelt werden kann, sollten die Atemzüge im Ruhezustand gezählt werden, nach zehnminütigem Ausruhen sollte der Patient aufrecht sitzen. Zählen Sie, wie oft sich der Brustkorb in einer Minute hebt und senkt. Dies gern zur Sicherheit wiederholen, um ein genaueres Ergebnis zu bekommen.

27. Was sollte ich bei Symptomen tun?

Ihre Erkältungssymptome (Fieber und Husten) sowie Kurzatmigkeit sollten Sie ärztlich untersuchen lassen, wenn Sie
• Kontakt zu einem bestätigten COVID-19-Fall hatten oder
• sich vor Kurzem in einem Gebiet aufgehalten haben, in dem Coronavirus-Fälle aufgetreten sind. Trifft mindestens einer dieser beiden Fälle auf Sie zu, dann wenden Sie sich telefonisch an Ihre Arztpraxis (alternativ ggf. per E-Mail) oder wählen Sie außerhalb der Praxisöffnungszeiten die kostenfreie Rufnummer 116 117 des

ärztlichen Bereitschaftsdienstes. Die Praxen bitten Patienten in dem Fall, nicht unangemeldet zu erscheinen. Im Wartezimmer ist die Gefahr groß, andere anzustecken. Vielleicht erhalten Sie auch am Telefon den Hinweis auf eine für Ihre Region zuständige Stelle für die weitere Abklärung. Das würde Ihnen einen unnötigen Weg ersparen.

Eine Entscheidungshilfe, ob man einen Arzt aufsuchen oder einen Coronavirus-Test machen sollte, liefert eine Internetseite der Charité (s. im Anhang *Nützliche Links und Dokumente*). Den Test gibt es auch als App für das Smartphone. Wer dort Fragen nach aktuellen Symptomen und möglichen Kontakten beantwortet, erhält „konkrete Handlungsempfehlungen, Ansprechpartner und Kontakte". Mit der Zusammenfassung der persönlichen Daten, die man am Schluss erhält, hat man gleichzeitig die medizinisch relevanten Informationen für ein etwaiges Arztgespräch zur Hand.

28. Was fragt mich der Hausarzt am Telefon?

Der Arzt wird Sie vor allem nach Husten, Fieber und Kurzatmigkeit fragen. Auch muss er klären, ob Sie Kontakt zu einem Corona-Infizierten hatten oder im medizinischen bzw. pflegerischen Bereich arbeiten oder zu einer Risikogruppe (ab 60 Jahre alt usw.) angehören. Er wird Sie gegebenenfalls in eine von zwei Gruppen „einsortieren".

• Bei Hinweisen auf eine virusbedingte Lungenentzündung oder, wenn Sie in Klinik, Arztpraxis oder Pflege arbeiten bzw. zu einer Risikogruppe gehören, werden Sie, auch bei nur leichten Atmungsproblemen, ein Fall für die differenzialdiagnostische Abklärung. Man wird Sie weiter untersuchen, um Ihre Krankheit möglichst zu unterscheiden von anderen mit ähnlichen Symptomen, und man wird Sie ambulant betreuen. Eventuell veranlasst der Arzt einen COVID-19 PCR-Test (s. *Frage 32*). Erst falls Sie ein positives Testergebnis erhalten, wird Ihr Fall dem Gesundheitsamt gemeldet (seit

Mai 2020 sollen die Behörden auch negative Testergebnisse weitermelden).

• Bei Hinweisen auf eine virusbedingte Lungenentzündung im Zusammenhang mit gehäuften Fällen in Klinik oder Pflegeeinrichtung sowie bei Kontakt zu einem bestätigten COVID-19-Fall sind Sie, auch bei nur leichten Atmungsproblemen, ein „begründeter Verdachtsfall". Sie werden gleich dem Gesundheitsamt gemeldet. Sie werden krankgeschrieben, um zu Hause zu genesen, oder stationär eingewiesen. Auf jeden Fall müssen Sie sich einem COVID-19 PCR-Test unterziehen.

Sofern der klinische Zustand es zulässt, bleibt der Patient zu Hause. Benötigt der Patient eine Arbeitsunfähigkeitsbescheinigung, kann der Arzt ihm diese für bis zu 14 Tage telefonisch ausstellen und per Post zusenden (s. *Frage 108*). Schon bevor das Testergebnis vorliegt, sollte man sich selbst isolieren, also zu Hause bleiben, alle engen Kontakte unter 2 Metern meiden, gute Handhygiene einhalten und bei Kontakt zu anderen einen Mund-Nasenschutz tragen. Auch ein negativer Test schließt nicht aus, dass eine Infektion vorliegt, eventuell erfolgte diese so kurz zuvor, dass SARS-CoV-2 noch nicht in der Probe zu finden war.

29. Wann muss ich dringend zum Arzt?

Wer nur leichte Symptome hat und nicht zum Arzt geht, sollte sich sicherheitshalber isolieren. Den Arzt aufsuchen sollten Sie nach telefonischer Anmeldung

• wenn das Fieber steigt und sich der Allgemeinzustand verschlechtert

• wenn die Beschwerden zunehmen

• bei einer Lungenentzündung oder bei der bei den oben geschilderten Anzeichen von Atemnot. Bei den schweren Verläufen tritt etwa ab der zweiten Krankheitswoche Atemnot auf, dies ist ein

Alarmzeichen. Die Atemnot stellt sich anders dar als bei durch Grippeviren ausgelösten Lungenentzündungen. Der Arzt wird die Atmung untersuchen. Ist die Praxis geschlossen, etwa am Wochenende, erreichen Sie den ärztlichen Bereitschaftsdienst unter Telefon 116 117. Er ist gedacht für Fälle, deren Behandlung nicht bis zum nächsten Werktag warten kann. Sie bekommen dort eine Bereitschaftspraxis genannt oder gegebenenfalls einen Hausbesuch vermittelt.

30. Wann rufe ich besser gleich die 112?

In Notfällen. Wenn Sie unter sehr schwerer Atemnot leiden oder schwer krank sind. 112 ist die Notrufnummer von Rettungsdienst und Feuerwehr.

31. Wie wird getestet?

PCR steht für Polymerase-Kettenreaktion. Bei diesem Test wird ein Rachenabstrich des Patienten genommen und im Labor geprüft. Die im Labor erzeugt Farbreaktion erfolgt speziell bei SARS-CoV-2 und nicht bei harmlosen Coronaviren. Zu den Nachteilen gehört, dass der Test drei bis fünf Stunden dauert, dazu kommt der Transportweg. Außerdem ist das Virus erst einige Tage nach der Ansteckung und nur in der ersten Woche der Erkrankung zuverlässig nachweisbar, da in der zweiten Woche Viren vom Rachen in die Lunge wandern können. Der Test ist also bald nach Auftreten erster Symptome am sichersten. Der PCR-Test sagt nicht, ob Sie bereits COVID-19 hatten. Er kann nur aktuell SARS-CoV-2 nachweisen.

Ein Nachweis wäre auch möglich im Sputum, also Auswurf tief aus der Lunge. Dies ist nicht leicht zu bekommen, weshalb Rachenabstriche die Regel sind. Ist der Abstrich erfolgt, kann ein virologisches Labor mithilfe des Standard-Testkits ein Vorhandensein des

Virus anhand seines Erbmaterials nachweisen. Mit 350 000 PCR-Tests wöchentlich wurde Mitte April in Deutschland, gemessen an den Einwohnern, so viel getestet wie in keinem anderen Land. Die Testkapazitäten sind bis Mai noch einmal verdoppelt worden.

32. Wer wird getestet?

Die Entscheidung trifft der Arzt auf der Grundlage von RKI-Kriterien. Danach sollte eine Testung nur bei Vorliegen von Krankheitssymptomen erfolgen und zwar in diesen Fällen:

• akute Atembeschwerden und Kontakt zu einer infizierten Person in den letzten 14 Tagen

• klinische oder radiologische Hinweise auf eine virale Lungenentzündung im Zusammenhang mit einer Fallhäufung in Pflegeeinrichtungen oder Krankenhäusern

• klinische oder radiologische Hinweise auf eine virale Lungenentzündung ohne Hinweis auf eine andere Ursache

• akute Atembeschwerden bei Risikogruppen oder Beschäftigten im Pflegebereich, in Arztpraxen oder Krankenhäusern

• Nur bei ausreichender Testverfügbarkeit: akute Atembeschwerden ohne Risikofaktoren

Die Kassen übernehmen die Kosten, wenn der Arzt den Test für medizinisch notwendig erachtet. Wer also „nur" die Hauptsymptome Fieber, Husten und Kurzatmigkeit bei sich bemerkt, hat keinen Anspruch auf einen Test. Dies ist erst der Fall, wenn der Betroffene zusätzlich zu einer Risikogruppe gehört oder eine weitere Bedingung erfüllt. Der Arzt sagt Ihnen auch, wo der Test durchgeführt werden soll. Es könnte eine Klinik sein, eine spezialisierte Praxis, ein Labor oder die neuen Drive-In-Tests und Diagnosezentren für Corona-Verdachtsfälle. Von der Probenentnahme bis zum Ergebnis vergehen meistens ein bis zwei Tage. Die Patienten erhalten überwiegend telefonisch Bescheid. Bundesgesundheitsminister Jens Spahn (CDU) erklärte am 22. Mai, präventive Corona-Tests auch ohne Symptome in Pflegeheimen und Krankenhäusern ermöglichen zu wollen.

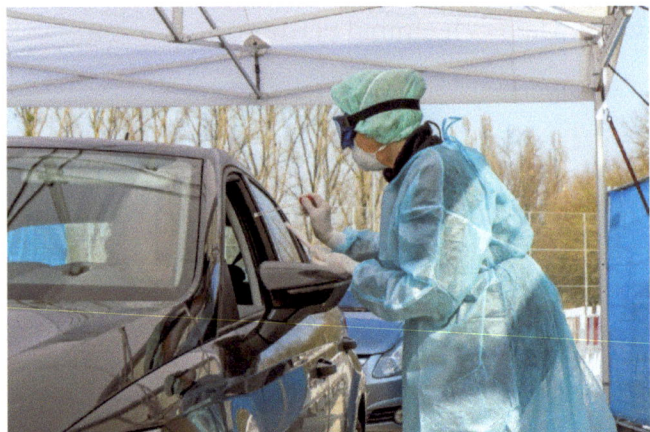

Im Frühjahr 2020 entstanden in Deutschland Corona-Drive-in-Teststationen.

33. Wann gelte ich als Kontaktperson?

Auch wenn Ihr Partner erkrankt ist, werden Sie nicht unbedingt getestet, solange Sie keine Symptome zeigen. Arzt oder Gesundheitsamt können von Fall zu Fall entscheiden, ob es nötig ist. Wer mit einem bestätigten COVID-19-Fall Kontakt hatte oder mit einem Infizierten, der zu diesem Zeitpunkt schon ansteckend war, der gilt als Kontaktperson. Das RKI unterscheidet drei Kategorien:

• KATEGORIE 1: Sie haben mindestens 15 Minuten lang mit jemandem gesprochen, der jetzt nachweislich Corona-infiziert ist, oder Sie sind etwa bei einem Wangenkuss oder Anhusten mit seinen Körpersekreten in Kontakt gekommen. Oder Sie saßen im Flugzeug in der Nähe eines Erkrankten (s. *Frage 130*). Dann ist die Gefahr, dass Sie sich angesteckt haben, relativ groß. Sie sollten das Gesundheitsamt informieren (Adresstool s. *Anhang*) und sich in häusliche Quarantäne begeben.

• KATEGORIE 2: Sie hatten unter 15 Minuten Kontakt von Angesicht zu Angesicht mit einem (späteren) Corona-Patienten. Dazu haben Sie auch noch mehr als 2 Meter Abstand gehalten. Sie waren also zum Beispiel nur mit einem infizierten Kollegen in einem Raum oder haben einige Sätze mit dem kranken Nachbarn über den Gartenzaun gewechselt. Es besteht ein geringeres Ansteckungsrisiko. Beim Gesundheitsamt müssen Sie sich nicht melden. Sie sollten aber vorerst Ihre eigenen Kontakte auf ein Minimum beschränken.

• KATEGORIE 3: Sie gehören zum medizinischen Personal – mit und ohne Schutzkleidung. Ärzte, Pfleger, Krankenschwestern oder Praxismitarbeiter sind allgemein infektionsgefährdeter als andere. Sie sollten täglich beobachten, ob sie Symptome feststellen und dies gegebenenfalls dokumentieren. Deshalb gelten für sie spezielle Maßnahmen. Sie sollten eine tägliche Selbstkontrolle auf Krankheitsanzeichen durchführen und die Antworten darauf dokumentieren.

Ihr Kontakt kann schon zwei Tage, bevor bei ihm Symptome auftraten, ansteckend gewesen sein. Trafen Sie die Person drei oder mehr Tage vor dem Auftreten der Symptome bei ihr, gelten Sie nicht als Kontaktperson. Ebenso wenig ist Kontaktperson, wer mit jemandem zusammenlebt, der wiederum Kontakt zu einem Infizierten hatte, aber selbst gesund ist. Muss dagegen ein Kind in Quarantäne, gilt dies bei dem üblichen engen Kontakt oft auch für den Rest der Familie. Es kommt vor, dass bei einem einzigen mit Corona infizierten Kind alle anderen Kinder, Eltern und Personal der Kita-Gruppe in Quarantäne müssen. Im März wurden ganze Schulen wurden schon wegen eines einzigen Falls geschlossen. Das Gesundheitsamt legt in jedem Einzelfall das konkrete Vorgehen für Kontaktpersonen fest.

Personen ohne Symptome werden vorläufig nicht getestet, denn jeder PCR-Rest kostet die gesetzlichen Krankenkassen 59 Euro. Darüber hinaus gibt es auch die Möglichkeit, den Test aus eigener Tasche zu zahlen. Aber bei einem negativen Ergebnis können Sie zu einem späteren Zeitpunkt immer noch COVID-19 bekommen. Deshalb sollten grippeähnliche Symptome abgewartet werden. Wenn Ihr Partner COVID-19 hat und Sie ebenfalls in Quarantäne gehen können, weil zum Beispiel jemand die Einkäufe für Sie erledigen kann, dann bleiben Sie am besten auch zu Hause.

34. Was taugen Schnelltests auf Corona-Antikörper aus der Apotheke?

Diese neuen Tests sind bisher noch nicht in größeren wissenschaftlichen Studien auf ihre Genauigkeit und Sicherheit geprüft wurden. Deshalb sollte sich niemand auf ihr Ergebnis verlassen und zum Beispiel fröhlich wieder die Eltern besuchen oder mit Patienten arbeiten. Antikörper sind immer erst nach ein oder zwei Wochen in der Blutprobe feststellbar. Falls ihr Vorhandensein angezeigt wird, kann es sich auch auf andere Coronaviren als SARS-CoV-2 beziehen. Auch ein CE-Zertifikat bietet keine Gewähr für besondere Zuverlässigkeit eines selbst erworbenen Tests. Dagegen bieten Hausärzte und Krankenhäuser seit Anfang April den ELISA-Test. Bei einem begründeten Interesse daran zahlt ihn die Kasse. Auch dieser Test weist nur Antikörper nach und nicht den Erreger, gilt aber als treffsicherer. Der Arzt nimmt dazu Blut ab, das in einem Labor untersucht wird. Fällt der Test negativ aus, weiß man, dass man ein oder zwei Wochen zuvor mit einiger Sicherheit nicht infiziert war.

Quarantäne

35. Was heißt Quarantäne?

Quarantäne ist die räumliche Isolierung von Menschen oder Tieren, bei denen der Verdacht auf eine ansteckende Krankheit besteht. Dies soll die weitere Ausbreitung der Krankheit verhindern. Schon in den Pestjahren des 14. Jahrhunderts wurde Quarantäne praktiziert. So quartierte Kroatien damals alle neu ankommenden Reisenden für 30 bis 40 Tage in speziellen Lazaretten ein. Die Bezeichnung Quarantäne ist von den 40 Tagen abgeleitet, auf Italienisch „quarantina di giorni".

36. Wie muss man sich eine häusliche Quarantäne in Corona-Zeiten vorstellen?

Das Gesundheitsamt kann nach dem Infektionsschutzgesetz Personen verpflichten, den Ort nicht zu verlassen oder bestimmte Orte nicht zu betreten, bis die notwendigen Schutzmaßnahmen durchgeführt sind. Eine der einschneidendsten Maßnahmen ist die Quarantäne. Die Behörde spricht von „häuslicher Absonderung". Personen, die Kontakt zu Corona-Infizierten hatten, sollen beobachtet werden für die maximale Dauer der Zeit, die zwischen einer Ansteckung und dem Auftreten von Krankheitszeichen liegt (s. *Frage 15*). Je nach individuellem Infektionsrisiko und Gesundheitszustand auch in häuslicher Quarantäne. Diese ist häufiger als eine Quarantäne im Krankenhaus – nur sieben Kliniken in Deutschland verfügen über ständige Sonderisolierstationen.

Viele Gesundheitsämter veröffentlichen keine Zahlen zur Quarantäne. Hier folgen einige Beispiele, die das Ausmaß erahnen lassen: Im Kreis Dithmarschen (Schleswig-Holstein, 133 000 Einwohner) waren seit Anfang März bis 8. Mai 1109 Personen in häuslicher Quarantäne, am 8. Mai waren es noch 168. Im Landkreis Cloppenburg (Niedersachsen, 169 000 Einwohner) gab es vom Corona-Ausbruch bis zum 28. April 548 insgesamt Quarantäne-Fälle, davon waren am 28. April noch 109 aktuell. Der Landkreis Helmstedt (Niedersachsen, 91 000 Einwohner) hatte am 30. April noch 147 aktuelle Quarantäne-Fälle, der Rhein-Neckar-Kreis (Baden-Württemberg, 547 000 Einwohner) am 31. März 1368 und am 3. Mai noch 419. Nur ein Bruchteil der Personen in Quarantäne wurde positiv auf das Virus getestet.

Am besten gelingt die Absonderung innerhalb einer Wohnung in einem separaten Zimmer. Wenn das nicht möglich ist, wäre es auch eine Idee, im größten Zimmer ein Zelt für den Erkrankten aufzustellen, dies ist aber keine Forderung der Gesundheitsämter. Nach Möglichkeit sollte der Erkrankte ein eigenes Badezimmer nutzen.

Um die Kontakte zu anderen Personen weitestgehend zu minimieren, soll eine zeitliche und räumliche Trennung von den anderen Haushaltsmitgliedern eingehalten werden. Auf unsere Anfrage antwortete ein Kreisgesundheitsamt: „Eine zeitliche Trennung kann zum Beispiel dadurch erfolgen, dass die Mahlzeiten nicht gemeinsam, sondern nacheinander eingenommen werden. Eine räumliche Trennung kann z.B. dadurch erfolgen, dass Sie sich in einem anderen Raum als die weiteren Haushaltsmitglieder aufhalten."

37. Wann muss ich in Quarantäne?

Wenn ein Patient positiv auf Corona getestet wurde, aber einen leichten, unkomplizierten Krankheitsverlauf zeigt, kann er auch im häuslichen Umfeld versorgt werden. In Quarantäne muss zudem, wer ein hohes Risiko hat, sich angesteckt zu haben, ohne selbst krank oder krankheitsverdächtig zu sein. Ein hohes Risiko wird angenommen, wenn man

• innerhalb der letzten 14 Tage engen Kontakt zu einem laborbestätigten COVID-19-Patienten hatte

Bei der Entscheidung, ob eine Kontaktperson in Quarantäne muss, spielt die Dauer des Kontakts mit einem Infizierten eine Rolle. Als enger Kontakt gilt, dass man mindestens 15 Minuten mit dem Erkrankten gesprochen hat, bzw. angehustet oder angeniest worden ist, während dieser ansteckend gewesen ist.

• Das RKI hob am 10. April die Festlegung von Risikogebieten auf. Seither gilt für Rückkehrer aus dem Ausland allgemein, „sich unverzüglich nach der Einreise auf direktem Weg in die eigene Häuslichkeit oder eine andere geeignete Unterkunft zu begeben und sich für einen Zeitraum von 14 Tagen nach ihrer Einreise ständig dort abzusondern". Sie müssen sich außerdem bei ihrem Kreisgesundheitsamt melden und diesem auch das Auftreten von Krankheitssymptomen mitteilen. In der Regel können sie auch nicht mehr arbeiten und müssen für diese Zeit unbezahlten Urlaub nehmen.

• Das Gesundheitsamt kann ferner bei weiteren „ansteckungsverdächtigen" Personen eine Quarantäne anordnen.

38. Welche Auflagen habe ich in der Quarantäne zu erfüllen?

Das Gesundheitsamt kann empfehlen, zu Hause zu bleiben, Abstand zu anderen Personen zu halten, auf eine regelmäßige Handhygiene mit Wasser und Seife sowie auf eine gute Belüftung der

Wohn- und Schlafräume zu achten. Wäsche sollte regelmäßig gewaschen werden. Das Einhalten der Husten- und Niesregeln und die Benutzung von Einwegtaschentüchern beim Naseputzen sind weitere Maßnahmen, damit keine Viren unnötig in der Gegend verteilt werden. Haushaltsgegenstände wie beispielsweise Geschirr und Wäsche sollen nur geteilt werden, wenn man sie vorher wäscht. Hygieneartikel sollen gar nicht geteilt werden. Die Oberflächen, mit denen die betroffene Person in Berührung kommt sollten regelmäßig mit Haushaltsreiniger gereinigt werden. Viren haften häufig am Waschbecken, auf einer Armatur, einer Türklinke, der Fernbedienung, dem Tisch oder Bett. Angehörige können hilfsbedürftige Kontaktpersonen im Alltag zum Beispiel durch Einkäufe unterstützen.

Besonders Kontaktpersonen der Kategorie 1 (s. *Frage 33*) sind verpflichtet,

• bis zum Ende der Absonderung zweimal täglich die eigene Körpertemperatur zu messen und

• täglich ein Tagebuch zu Symptomen, Körpertemperatur, allgemeinen Aktivitäten und Kontakten zu weiteren Personen zu führen

Verstöße gegen eine angeordnete Quarantäne können nach dem Infektionsschutzgesetz mit einer Geld- oder mit einer bis zu fünfjährigen Freiheitsstrafe geahndet werden.

39. Wenn ich mich selbst in Quarantäne begebe, kommt das Gesundheitsamt dann zum Kontrollieren?

Das Gesundheitsamt berät zur praktischen Umsetzung der Absonderung in dem jeweiligen Einzelfall. Es behält sich Vor-Ort-Überprüfungen vor.

40. Darf ich in Quarantäne noch mit dem Hund spazieren gehen oder im Homeoffice arbeiten?

Das Spazierengehen mit dem Hund ist ebenso wie das Einkaufen untersagt. Das Arbeiten im Homeoffice in der Quarantäne ist erlaubt, aber Sie können nicht zur Arbeit gehen.

41. Wann gilt man als gesund und kann Quarantäne oder Krankenhaus verlassen?

Bei Menschen mit leichteren Verläufen, die zu Hause auskuriert werden können, geht man derzeit davon aus, dass sie spätestens nach 14 Tagen wieder genesen sind. Beim meldepflichtigen Corona wollen die Behörden aber sichergehen, dass Patienten garantiert nicht mehr ansteckend sind. Wann das ist, lässt sich nicht allgemeingültig sagen und hängt auch vom Krankheitsverlauf ab. Nach einer Studie unter anderem des Instituts für Mikrobiologie der Bundeswehr an der Münchner Fallgruppe könnten COVID-19-Patienten aus dem Krankenhaus in die häusliche Quarantäne entlassen werden, wenn sich nach dem zehnten Tag der Erkrankung weniger als 100 000 Kopien des Viren-Erbguts im Hustenauswurf nachweisen lassen.

Die Entscheidung, ob eine Person als genesen und nicht mehr ansteckend gilt, trifft der behandelnde Arzt oder das zuständige Gesundheitsamt. Bei schweren Krankheitsverläufen dauert es in der Regel länger, bis man wieder gesund ist. Die Kriterien für die Entlassung aus dem Krankenhaus bzw. aus der häuslichen Isolierung sind:

• Bei Menschen, die wegen eines Verdachts auf eine Ansteckung in Quarantäne sind, wird diese in der Regel nach 14 Tagen wieder aufgehoben, wenn sie keine Krankheitsanzeichen zeigen.

- Personen mit leichten Krankheitsverläufen, bei denen kein Krankenhausaufenthalt erforderlich war, dürfen die häusliche Isolierung frühestens 14 Tage nach Beginn der Krankheitszeichen verlassen.

- Personen, die bei Besserung ihres Befindens aus dem Krankenhaus in die häusliche Isolierung entlassen wurden, dürfen diese frühestens 14 Tage später verlassen.

- Schwer erkrankte Patienten gelten als nicht mehr ansteckend und können ohne weitere Auflagen aus dem Krankenhaus entlassen werden, wenn sie seit mindestens 48 Stunden keine Krankheitsanzeichen haben und zwei Rachenabstriche im Abstand von 24 Stunden keinen Virusnachweis mehr erbracht haben. Bei der zweiten und dritten Gruppe ist außerdem Voraussetzung, dass der Patient seit mindestens 48 Stunden keine Krankheitsanzeichen hat und dass mit den behandelnden Ärzten keine anderen Vereinbarungen getroffen wurden.

Behandlung und gesundheitliche Folgen

42. Wie wird COVID-19 behandelt?

Den meisten Erkrankten helfen bereits Ruhe, viel trinken und bei Bedarf fiebersenkende Medikamente. Fieber ist zwar an sich sinnvoll, kann aber den gesamten Organismus belasten. Bei Körpertemperaturen über 39 Grad sollten Medikamente genommen oder kalte nasse Tücher zur Kühlung um die Waden gewickelt werden. Sie sollten zu Hause bleiben. Im Krankenhaus werden vor allem die schweren Symptome gelindert. Atemnot führt zu Angst und Unruhe, die teils mit Arzneimitteln behandelt werden. Zur Therapie gehört es, Folgeerkrankungen wie eine Herzschädigung oder die Ansteckung mit Bakterien zu verhindern. Bei COVID-19-Patienten auf der Intensivstation ist teilweise eine künstliche Beatmung notwendig – über Tage und leider auch öfters ein bis zwei Wochen.

43. Gibt es Medizin und wann kommt ein Impfstoff?

Gegen das Coronavirus gibt es bisher keine Medizin. Doch die moderne Biotechnologie hat die Struktur von SARS-CoV-2 bereits nahezu aufgeklärt und damit Ansatzpunkte zur Therapie geliefert. Bei der Suche nach einem wirksamen Medikament werden neue Wirkstoffe, aber auch Mittel gegen Krebs, Ebola (Remdesivir), Malaria (Chloroquin), Parkinson oder Bluthochdruck in Betracht gezogen. Ein Durchbruch steht noch aus, aber es laufen mit zahlreichen Medikamenten klinische Studien. Remdesivir wurde im Mai 2020 in Deutschland an einem halben Dutzend Kliniken im Rahmen von Studien eingesetzt. Einige Firmen befassen sich auch mit der Entwicklung von Antikörpern. Mehrere Konzerne arbeiten an entzündungshemmenden Präparaten, um bei einer Immun-Überreaktion den Zytokin-Sturm (s. *Frage 16*) zu bekämpfen, vor allem zur Kontrolle des Botenstoffs Interleukin-6.

Wissenschaftler und Firmen auf der ganzen Welt forschen gleichzeitig mit Hochdruck an Impfstoffen gegen das neue Coronavirus. Nach Einschätzungen der Europäischen Arzneimittelbehörde und der WHO vom März 2020 könnte es mindestens ein Jahr dauern, bis ein Impfstoff zugelassen ist und in ausreichender Menge zur Verfügung steht. Infektologin Professor Marylyn Addo sagte: „Wenn alles sehr gut verläuft, könnte ein Impfstoff im nächsten Jahr auf den Markt kommen." Im April war noch von „einigen Monaten" oder „einem Jahr" die Rede. Wahrscheinlich wird ein Medikament früher verfügbar sein. Im April 2020 starteten die ersten Tests mit Impfstoff an Menschen in Deutschland. Im Juni will das Paul-Ehrlich-Institut erste Daten auswerten und bei positivem Ergebnis die Probandengruppe erweitern. Weil ein Impfstoff verständlicherweise nicht sofort millionenfach produziert werden kann, wird er erst nur für bestimmte Berufs- und Bevölkerungsgruppen zur Verfügung stehen. Von daher ist es müßig, über eine Impfpflicht zu spekulieren.

44. Ist man nach einer COVID-19-Erkrankung immun?

Es haben sich bisher keine Fälle einer mehrmaligen Erkrankung an COVID-19 gezeigt. Zumindest für eine absehbare Zeit sind Genesene immunisiert. Sie können deshalb gefahrlos mit Infizierten in Kontakt treten, also bei ihrer Pflege und Betreuung helfen. Auch wird Blutplasma von genesenen Infizierten gesucht, weil in ihm Antikörper stecken könnten. Um solche Spenden bittet zum Beispiel die Medizinische Hochschule Hannover. Wie lange die Immunität gegen SARS-CoV-2 andauert, muss die Zukunft zeigen. Vielleicht nur ein oder zwei Jahre, vielleicht auch lebenslang, wie wir es von den Windpocken kennen. Bei SARS-Patienten waren etwa zwei Jahre lang erhöhte Mengen an Antikörpern gegen das damalige Coronavirus nachweisbar, danach sank ihre Zahl. Unverantwortlich wäre es nun allerdings, es deshalb einfach auf eine Infektion ankommen zu lassen. Die leichtsinnigen „Corona-Partys" sind ein Spiel mit der eigenen Gesundheit und der anderer. Niemand weiß vorher, ob ihm ein ernsthafter Verlauf droht. Außerdem geht es darum, die Kliniken nicht zu überlasten. Wer ärztliche Hilfe braucht in einer Zeit, in der das Gesundheitssystem überfordert ist, kann möglicherweise nicht mehr optimal versorgt werden. Die Pandemie erfordert ein soziales rücksichtsvolles Verhalten – das Mithelfen aller beim Abflachen der Kurve. Nachlässigkeit sollten wir uns noch nicht erlauben.

45. Kann es gesundheitliche Spätfolgen nach COVID-19 geben?

Ja. Zum einen ist ein reduziertes Lungenvolumen möglich, gerade nach längerer Beatmungsdauer. Betroffene werden sehr schnell kurzatmig. Zum anderen kann sich, wie bei vielen virenbedingten Lungenentzündungen, das Risiko einer späteren Herzkreislauferkrankung erhöhen. Auch gab es Patienten, die trotz eines eigentlich milden Krankheitsverlaufs noch Wochen später keinen Geruchs- und Geschmackssinn mehr hatten.

SCHÜTZEN & VORBEUGEN

Atemhygiene und Masken (Fragen 46-57)
Hygiene der Hände, im Haushalt und bei Lebensmitteln
(Fragen 58-69)
Die neuen Corona-Regeln (Fragen 70-82)

Atemhygiene und Masken

Hygiene stabilisiert heute eher beiläufig unsere Gesundheit und wird vielfach kaum wahrgenommen. Wird sie vernachlässigt, können die Folgen für den Einzelnen oder für alle schwerwiegend sein. Gute Hygiene schützt vor ansteckenden Krankheiten. Sie ist auch ein wichtiger Baustein im Kampf gegen die Ausbreitung von SARS-CoV-2. Die folgenden Tipps zur Hygiene der Atemwege und der Hände wie auch das Abstandhalten und Einschränken von Kontakten sind auch effektiv, um Grippe und grippalen Infekten vorzubeugen. Seit Inkrafttreten der Corona-Regeln sind in Deutschland deutlich weniger Patienten wegen einer Erkältung beim Arzt. Denken Sie an den Dreiklang Hygiene – Abstandhalten – Kontakte einschränken. Das lässt sich mit den Anfangsbuchstaben HAK leicht merken und fasst die wichtigsten Präventivmaßnahmen zusammen – egal, ob die Grippe umgeht, ein Magen-Darm-Virus die Runde macht oder sich Corona-Fälle in Ihrem Umfeld mehren.

46. Was versteht man unter Hustenetikette und Niesetikette?

Mediziner sprechen von der Hygiene der Atemwege. In dieser Krise gelten etwas andere Benimmregeln. Bei einem Gespräch mit geringer Distanz darf man heutzutage gern den Kopf vom Gesprächspartner abwenden, was uns früher unhöflich erschienen wäre. Es sollte selbstverständlich werden, bei Husten- oder Niesattacken unverzüglich auf Abstand zu gehen, um andere Menschen im unmittelbaren Umfeld nicht zu belasten. Angemessen ist hier ein Mindestabstand von zwei Metern und das Abwenden von etwaigen umherlaufenden Personen. Diejenigen, die eine akute Atemwegsinfektion plagt, sollten verantwortungsvoll handeln und sich im öffentlichen Leben und Treiben bewusst zurückhalten.

Aus medizinischer Sicht ist das höfliche Vor-den-Mund-Halten der Hand eine schlechte Angewohnheit. Denn die Viren und Bakterien gelangen so an die Hände und werden anschließend direkt über geschüttelte Hände, oder indirekt über berührte Gegenstände übertragen. Beim Niesen oder Husten gilt es dringend zu verhindern, dass Speichel oder Nasensekret versprüht wird. Husten und Niesen Sie bitte nicht frei in die Umgebung, sondern in ein Taschentuch, damit Nase und Mund abgedeckt sind. Das Tempo sollte danach unverzüglich in einem Abfalleimer mit Deckel verschwinden – oder in einem mitgeführten Plastikbeutel zwischenlagern. Im Anschluss sollten die Handflächen gründlich desinfiziert werden. Das alles zählt zur perfekten Atemhygiene. Ein nach alter Schule benutztes Stofftaschentuch sollte in regelmäßigen Abständen bei 60 °C gewaschen werden. Wenn der Griff zum Taschentuch nicht mehr möglich ist: in die gebeugte Armbeuge niesen oder husten und zwar so, dass Mund und Nase abgedeckt sind.

Manchmal kommt der Niesreiz so plötzlich, dass kein Taschentuch rechtzeitig gezückt werden kann. Dann niest man in die Armbeuge.

47. Was bringen Masken?

Die Mundbedeckung mit Maske oder Behelfsmundschutz stellt für potenzielle Viren eine Barriere dar. Nicht umsonst sind die Verkaufszahlen von Masken seit Ausbruch der Pandemie exponentiell gestiegen, sie sind zum gefragtesten Ausrüstungsgegenstand geworden. Die meisten Masken, darunter die Behelfsmasken „Marke Eigenbau", schützen die Mitmenschen und kaum den Träger selbst. Übrigens erst seit dem 2. April 2020 vertritt das RKI die Einschätzung, dass auch das Tragen einer einfachen Schutzmaske das Risiko verringern kann, „eine andere Person durch Husten, Niesen oder Sprechen anzustecken". Selbst Behelfsmasken können also, wenn ihr Träger gleichzeitig die sonstigen Punkte des Hygieneschutzes beachtet, die Ausbreitung des Coronavirus eindämmen. Sehr sinnvoll ist das Tragen von Masken vor allem in der Gegenwart von Risikopersonen wie etwa den Über-Sechzigjährigen. Ebenso ist es sehr angebracht, wenn sich Infizierte anderen Menschen nur mit Maske nähern. Auch haben die Masken den Begleiteffekt, den Träger von unbedachtem Berühren des Gesichts abzuhalten. Gegenstimmen sind der Auffassung, dass Maskentragende sich „zu sicher" fühlen könnten und deshalb etwa vielleicht nicht mehr genügend Abstand halten. Da Viren nur eine begrenzte Reichweite haben, ist das Tragen unter freiem Himmel aber überflüssig.

48. Brauche ich eine richtige Atemschutzmaske?

Den höchsten Schutz bieten filtrierende Halbmasken (Filtering Face Piece) mit der Schutzstufe FFP2 oder FFP3. Diese Atemschutzmasken haben einen Filter und oft zusätzlich ein Ventil und bieten einen etwas besseren Schutz als herkömmliche Atemmasken. Ihre Filter lassen nur sehr viel kleinere Partikel an die Atemwege gelangen. Die Atemschutzmaske mit Ausatemventil erleichtert dabei das Ausatmen, sie filtert nur die eingeatmete Luft und schützt daher den Träger, aber nicht andere. Die Atemschutzmaske ohne Ventil schützt den Träger **und** andere, denn sie filtert sowohl die eingeatmete Luft als auch die Ausatemluft.

Masken mit Filtern sind in der Öffentlichkeit nicht notwendig. Sie sollten sparsam eingesetzt werden. In Baumärkten fanden sich auch solche Masken (vor der Pandemie) als Feinstaubschutz. Der Normalbürger braucht sie höchstens, wenn er als Heimwerker eine Oberfläche schleifen will.

49. Was sind OP-Masken?

Der medizinische-Nasen-Schutz (MNS) muss gesetzliche Vorgaben und technische Normen erfüllen. Man nennt ihn auch Operations- oder Chirurgenmaske. Er ist nicht viel schlechter in seiner Wirkung als eine FFP-Maske. In Kliniken schützen solche OP-Masken in erster Linie Patienten vor Keimen des Personals. Die teildurchlässigen Masken sind für den Fremdschutz und nicht für den Eigenschutz konzipiert. Solche Einmalmasken sollten wirklich nur ein einziges Mal benutzt werden, da sie ansonsten das Zeug zu „Keimschleudern" haben. Es sollte darauf verzichtet werden, medizinische Mund-Nasen-Schutze im Alltag zu nutzen, um eine Unterversorgung des medizinischen Personals zu vermeiden. Die ebenfalls industriell hergestellten hellblauen oder hellgrünen Masken, die in Apotheken und Drogerien leicht erhältlich sind, ähneln meist sehr stark den in Krankenhäusern benutzten Modellen. Die sehr dünnen weißen Papiermasken aus dem Handel haben eine eher geringe Wirkung. Ende April 2020 sind in Deutschland fast keine Masken frei zu kaufen, und wenn dann zu überhöhten Preisen. 8 Euro für ein Fünferset gelten bereits als günstig. Im Internet wird Ware entweder zu Wucherpreisen oder von minderer Qualität angeboten.

50. Was für Behelfsmasken gibt es?

Behelfs-Mund-Nasen-Schutze werden auch Do-It-Yourself-Masken oder Community-Masken genannt. Diese selbstgenähten Mund-Nasenbedeckungen sind Maskenersatzprodukte aus handelsüblichen Stoffen. Sie entstehen in Nähzimmern von Schneidereien, aber auch in immer mehr Privathaushalten. Es gibt sie in den unterschiedlichsten Ausführungen, aus Stoff oder Papier. Für die Funktion von Behelfsmasken übernehmen Hersteller und Verfasser von Nähanleitungen in aller Regel keine Haftung, denn eine Schutzfunktion ist nicht erwiesen und darf nicht versprochen werden. Sicherlich vermögen sie ähnlich wie die professionellen Masken als mechanische Bremse die Geschwindigkeit des Atemstroms zu verringern und den Tröpfchenauswurf zu reduzieren.

51. Was ist bei Community-Masken zu beachten?

Für die Erhaltung der Wirksamkeit ist typübergreifend der optimale Sitz unerlässlich. Der Schutz muss eng anliegen und darf während des Tragens nicht verschoben werden. Deshalb sollten Behelfsmasken mindestens einen Nasenbügel haben – meist ein eingearbeiteter formbarer Metalldraht –, damit der Bereich der Nase formschlüssig an den Träger angepasst wird. In Punkto wirksamer Filterfläche kann sich an der Mindestvorgabe von 150 Quadratzentimetern für FFP2-taugliches Filtermaterial orientiert werden. Bei Behelfsmasken „Marke Eigenbau" ist darauf zu achten, dass ein adäquates Material verwendet wird. Festgewebte Stoffe versprechen mehr Schutzwirkung. Der Faserdurchmesser des Stoffs ist hierbei entscheidend, da durch ihn die Porengröße und die Durchlässigkeit der Maske vorgegeben wird. Anstelle von Baumwollstoffen könnten hier trotz ihrer Saugwirkung Mikrofasertücher verwendet werden.

Im Optimalfall wird der Wirkungsgrad der Behelfsmaske durch einen wasserabweisenden Stoff, der noch mehr Feuchtigkeit zurückhält, erhöht. Auch wird vereinzelt auf Filtermaterial aus Windeln und Staubsaugerbeuteln zurückgegriffen. Vor allem bei letzterem ist aber Vorsicht geboten, da nicht alle Staubsaugerbeutel Viren ausreichend filtern können und in vielen Modellen gesundheitsschädliche Stoffe enthalten sind, die beim Aufschneiden freigesetzt würden.

Vor der ersten Benutzung sollten selbst genähte waschbare Behelfsmasken in die Kochwäsche oder auf dem Herd in einem Wasserbad fünf Minuten auskochen. Gut trocknen lassen. Nach dem Abnehmen die Maske reinigen und danach Hände waschen.

52. Hilft zur Not auch ein Schal vor dem Mund?

Für einen Schal oder ein eng anliegendes Tuch (z.B. Buff) gilt das gleiche wie für eine einfache Stoffmaske. Potentielle Empfänger, etwa Menschen die uns begegnen, werden besser vor unseren Keimen geschützt. Denn auch ein Schal, oder ein Tuch bilden eine Barriere und fangen grobe Tröpfchen ab. Außerdem haben sie wie auch die Nase-Mund-Masken eine positive psychologische Wirkung auf den Träger und sein Umfeld. Dazu kommt, dass sich Schal und Tuch meist bei 60 °C waschen und somit leicht entkeimen lassen.

53. Wie lange sollte man eine Schutzmaske höchstens tragen?

Bei normalen Standardschutzmasken sollte eine Tragedauer von maximal einem Tag nicht überschritten werden. Auch sollte die Maske nur dann aktiv getragen werden, wenn Notwendigkeit durch Menschenkontakt besteht, um sie nicht unnötig zu strapazieren. Denn eine durch Atemluft durchfeuchtete Maske bietet Bakterien eine optimale Vermehrungsgrundlage. Es gilt, die Maske in solchen Fällen sofort auszutauschen. FFP-Masken können häufig länger und mehrmals verwendet werden. Pflege- und Gesundheitseinrichtungen wurde im April offiziell empfohlen, sie bei 70 °C Trockenhitze zu behandeln. Nach halbstündiger Behandlung ließen sich zudem auch die Einmal-Masken mehrfach tragen.

Stoffmasken können auch in der Waschmaschine bei mindestens 60, am besten jedoch 90 °C sterilisiert werden. Auch der Kochtopf hilft: Legen Sie die Maske in kochendes Wasser und lassen Sie sie eine Viertelstunde brodeln. Waschgänge und Desinfektionssprayapplikation können die Wirksamkeit der Masken erheblich beeinträchtigen. Eine Sterilisation mittels UV-Strahlen ist Laien nicht zu raten, weil das Licht die Augen schädigen kann. Alternativ bietet sich die Möglichkeit an, die Masken über ein paar Tage zu trocknen, um die Mehrheit der Erreger durch Flüssigkeitsentzug abzutöten. Ob Bügeln ausreicht, um Viren abzutöten, ist noch nicht erwiesen. Ganz sicher geht, wer seine OP- oder Stoffmaske in einen auf 90 °C vorgeheizten Backofen legt und eine halbe Stunde lang erhitzt. FFP-Masken gehören wegen ihres Kunststoff-Filters jedoch nicht in den Backofen! Ebenso wird vor dem Erhitzen einer Maske in der Mikrowelle gewarnt, besonders, wenn sie einen Metallbügel enthält. Es empfiehlt sich, zwei Masken anzuschaffen und eine zum Wechseln in einem Plastikbeutel aufzubewahren.

54. Bart trifft Mundschutz – eine zweckmäßige Kombination?

Da es sich beim Coronavirus um eine Tröpfcheninfektion handelt und die infektiösen Tröpfchen vor allem beim Sprechen, Atem und Husten ausgestoßen werden, bleiben sie leicht in Barthaaren in Mundnähe haften. Erschwerend kommt hinzu, dass viele Bartträger sich vergleichsweise oft ins Gesicht fassen, dadurch wird ihre Bart- und Gesichtsregion einem verstärkten Keimdruck ausgesetzt. Weil der Bart aufgrund dieser Schwierigkeiten einen nicht unerheblichen Bakterien- und Virenherd darstellen kann, sollten Männer erwägen, sich zumindest zeitweise von ihrem Gesichtsschmuck zu trennen. Wer seinen Bart nicht abrasieren möchte, der sollte sich nun verschärft an Hygieneregeln halten. Bartträger sollten sich bewusst machen, dass Barthaare ein dichtes Anliegen der Maske fast unmöglich machen und der Mund-Nasen-Schutz entsprechend weniger Tröpfchen kann. Während ein Vollbart, auch nur mit Stoppeln, ein Ausschlusskriterium für den „perfekten Maskensitz" ist, sind schmale

Schnurrbärte oder kurze Bärte zwischen Unterlippe und Kinn eher vertretbar.

55. Was besagt die Maskenpflicht?

Nach dem Vorreiter Sachsen (20. April) haben zwischen dem 23. und 27. April sämtliche Bundesländer eine Maskenpflicht beschlossen. Sie gilt vor allem für den ÖPNV und für das Einkaufen in Geschäften. Akzeptiert werden auch selbst genähte Alltagsmasken, Schal oder ein Tuch. Wichtig ist, Mund und Nase komplett zu bedecken. Einige Bundesländer setzen auf die Einsicht der Bürger, andere drohen mit der Bußgeldkeule. Wer in Bayern nicht Mund und Nase in öffentlichen Verkehrsmitteln bedeckt, wird mit 150 Euro zur Kasse gebeten. Thüringen will am 6. Juni die Maskenpflicht aufheben.

Ausgenommen von der Pflicht sind Kinder, die noch nicht zur Schule gehen bzw. unter sechs Jahre alt sind, und Personen, die ein Fahrzeug lenken wie etwa Taxifahrer. Im bevölkerungsreichsten Bundesland Nordrhein-Westfalen ist der Mund-Nasenschutz auch gefordert in den Verkaufsräumen von Handwerkern und Dienstleistern, in Arztpraxen, an Haltestellen und Bahnhöfen, in Fernbussen und -bahnen sowie im Fahrgastbereich von Taxen. Wer keine Maske trägt, kann abgewiesen werden. Die Maskenpflicht gilt für Kunden wie für Beschäftigte, es sei denn, Beschäftigte werden durch andere Schutzmaßnahmen wie Abtrennungen durch Plexiglas etc. geschützt. Empfohlen wird die Maske auch, wo immer der Mindestabstand nicht einzuhalten ist. Diese Situation kann auch in der Schule auftreten. Schüler sollen außerdem im Schulbus ihre mitgebrachte Alltagsmaske tragen.

56. Wie kann ich einen Mundschutz selbst basteln?

Behelfsmasken „Marke Eigenbau" können zwar nicht mit professionell hergestellten Masken mithalten, schützen aber die Mitmenschen nicht unerheblich. Wenn sie denn gut ausgeführt sind. Zuerst beschreiben wir ein genähtes Selfmade-Modell, das auf der Behelfsmaske der Essener Feuerwehr beruht. Diese solide Kreation zum Selbernähen ist waschbar. Durch die zusätzliche Einlage eines kochfesten Vliesstoffs lässt sich die Wirkung deutlich erhöhen.

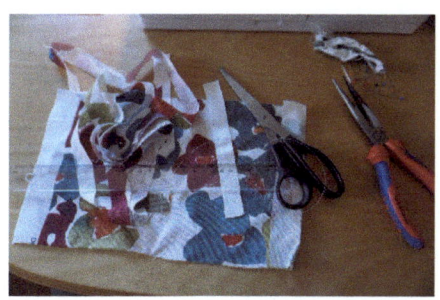 

1) Suchen Sie einen kochfesten Baumwollstoff aus Ihren Beständen, z.B. leichtes Baumwolltuch, T-Shirt oder auch eine Stoffwindel.
2) Nehmen Sie den Tuchstoff doppelt, halten Sie ihn um Mund und Nase und prüfen Sie, ob Sie noch gut atmen können.
3) Zeichnen Sie auf dem Tuch 34x17 cm an und schneiden Sie diese Fläche aus (stattdessen könnte man auch zwei verschiedene Stoffe von ca. 18x18 cm Größe nehmen, zum Beispiel ein Spucktuch innen und ein Kissenbezug außen).

 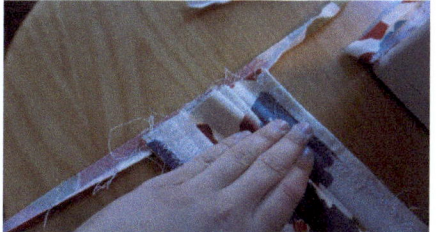

4) Falten Sie das Tuch zur Hälfte und bügeln Sie es.

5) Nun bügeln Sie drei gleichmäßig verteilte Falten von je 1,3 cm Tiefe hinein, sodass es einer Ziehharmonika gleicht [Es funktioniert bei der Alternative auch ein dreimaliges Falten, sodass die Seitenlänge nur noch 9 cm beträgt].

6) Nehmen Sie nun kochfeste Baumwolle und schneiden Sie daraus zwei Kopfbänder, die je 90 cm lang und 2 cm breit sind, sowie zwei weitere Streifen als Kantenverstärkung, die je 17 cm lang und 2 cm breit sind. Sogenanntes Köperband [als Meterware] können Sie auch verwenden und müssen dann nur die Länge abnehmen.

7) Bügeln Sie die vier Streifen so, dass sie in der Mitte eine Falte bekommen, also links und rechts nun 1 cm breit sind (am Anfang mit den Fingern zusammendrücken und dann mit dem Gewicht des Bügeleisens nach und nach auf ganzer Länge mittig falten)

8) Legen Sie die beiden nicht geknickten Enden des Stofftuchs oben und unten in die Kantenverstärkungen ein.

10) Legen Sie am Oberteil einen 15 cm langen dünnen, biegsamen Draht mit ein (z.B. Basteldraht, Pfeifenreiniger, Klemmdraht von Gefrierbeuteln). Dies dient dem Fixieren im Nasenbereich.

11) Stecken Sie die Kantenverstärkungen provisorisch mit Nadeln fest.

12) Dann oben und unten richtig einnähen.

13) Die eingebügelten Falten des Stofftuchs zusammenlegen und mittig auf beiden Seiten in die langen Kopfbänder einlegen.

14) Kopfbänder feststecken und ebenfalls vernähen.

 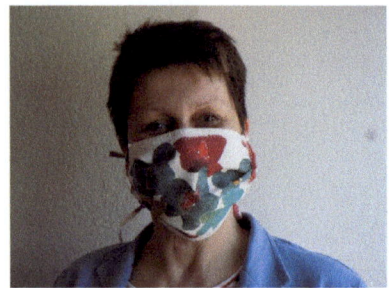

Fotos
(6): TB

57. Geht es noch einfacher?

Für diejenigen, die weniger nähbegabt sind, bietet sich eine neue Empfehlung aus China an. Für die Do-It-Yourself-Behelfsmaske benötigt werden lediglich zwei Küchenrollenblätter, ein Papiertaschentuch, ein Stück Draht (z.B. Clip eines Gefrierbeutels) und vier Gummibänder (ersatzweise Band).

1) Legen Sie zwei Blatt Küchenrolle übereinander und drehen Sie das obere um 90 Grad.

2) Entfalten Sie Ihr Papiertaschentuch und legen Sie es so aufs Küchenpapier, dass es mit diesem an zwei Seiten bündig abschließt. Das Papiertaschentuch wird später die Innenseite der Maske.

3) Schneiden Sie die Ränder so ab, dass alle drei Blätter gleich groß sind und kein Küchenpapier mehr überlappt.

4) Schneiden Sie den Papierstapel in der Mitte durch.

5) Kleben Sie an beide kurzen Rändern beidseitig einen Klebestreifen (besonders eignet sich Malerkrepp aus dem Baumarkt).

6) Lochen Sie die Enden mit Malerkrepp, so dass links und rechts je zwei Löcher entstehen für die Gummibänder.

7) Nehmen Sie den Draht, legen Sie ihn mittig an den oberen Rand der Maske und befestigen Sie ihn an der Innenseite der Maske mit Klebeband. Der Draht wird später der Nasenbügel.

8) Befestigen Sie nun an allen vier Löchern jeweils ein Gummiband (mittels Schlaufe) oder ersatzweise je ein passendes Stück Band.

9) Ziehen Sie erst die oberen Gummibänder, dann die unteren über

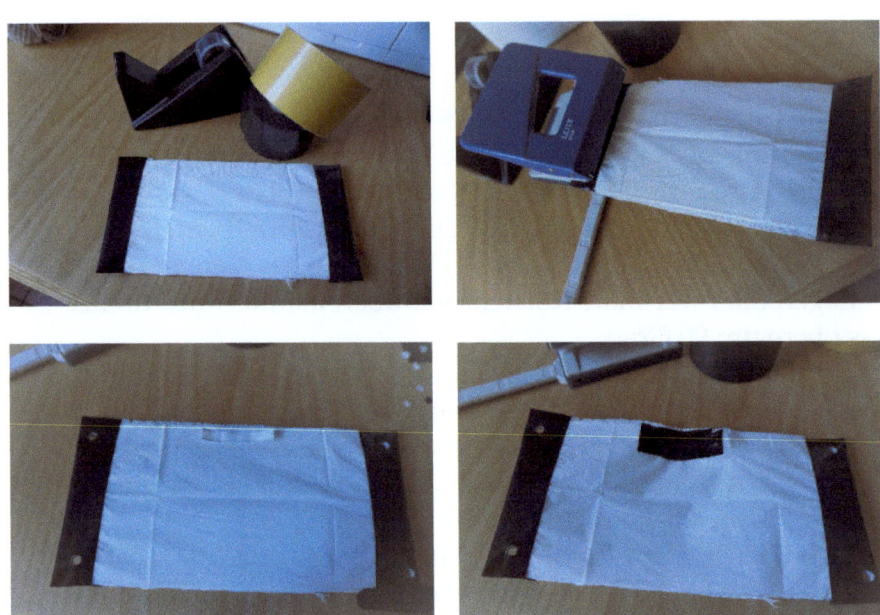

Die DIY-Papiermaske nach chinesischer Empfehlung.   *Fotos (6): TB*

die Ohren. Für den optimalen Sitz an der Nase biegen Sie den ein-
gearbeiteten Draht passend.

Noch simpler ist die Faltmethode: Sie falten ein quadratisches o-
der leicht längliches Tuch zwei Mal der Länge jeweils auf die Hälfte
zusammen, so dass ein schmales langes Stück vor Ihnen liegt. Links
und rechts ziehen Sie je ein Gummiband etwa 15 Zentimeter weit
über den Stoff. Dann falten Sie den linken „Überstand" (alles links
vom Band) in die Mitte. Knicken Sie dann den rechten „Überstand"
ebenfalls zur Mitte, aber legen Sie ihn dabei in den vormaligen linken Überstand ein, um die Stabilität zu erhöhen. Nun ist der Mund-
Nasen-Schutz fertig. Sie klemmen einfach die beiden Bänder hinter
die Ohren und können diese leicht herausnehmen, wenn Sie das
Tuch waschen wollen.

Hygiene der Hände, im Haushalt und bei Lebensmitteln

58. Sind Händeschütteln und Fingerfood noch okay?

Eine gute Handhygiene ist ein wichtiger Teil der Vorbeugung. Auf das sonst so höfliche Händeschütteln sollte in Pandemiezeiten komplett verzichtet werden. Ein freundlicher Gruß auf Distanz genügt. Von anderen engeren Begrüßungs- und Abschiedsritualen sollte für den Selbstschutz und aus Rücksicht auf das Wohlergehen anderer gänzlich verzichtet werden. Mahlzeiten und Zwischenmahlzeiten wie Süßigkeiten sollten nicht mit den Fingern zum Mund geführt werden, stattdessen sollten Besteck oder Servietten benutzt werden.

59. Wie vermeide ich das häufige Berühren des Gesichts?

Man fährt sich mit einem Finger schnell mal über den Mund, kratzt die Nase oder reibt die Augen: Der Griff ins Gesicht passiert öfter als gedacht. Das macht es Viren leicht, in Ihren Körper einzudringen. In Corona-Zeiten gilt deshalb: Hände weg von Nase, Mund und Augen! Der unbewusste natürliche Reflex stellt eine Gefahr dar. Ihn sich abzugewöhnen ist mit einem Lernprozess verbunden, der das Hinterfragen der eigenen Bewegung, Selbstdisziplin und Durchhaltevermögen erfordert. Zusätzlich könnte beim Waschen des Gesichts gegebenenfalls häufiger Seife benutzt werden. Sie trocknet zwar die Haut aus, greift aber auch die Fetthülle des Coronavirus an. Eine Frage der persönlichen Abwägung.

60. Warum ist richtiges Händewaschen so wichtig?

Sehr viele Menschen waschen sich jetzt öfter die Hände. Intensives Händewaschen ist mit das Wichtigste, was man zum eigenen Schutz vor einer Atemwegsinfektion tun kann. Denn Seife mag das Coronavirus gar nicht. Sie zerstört seine aus Hüllproteinen und Lipidmembran bestehende Hülle. Das gründliche Spülen mit Wasser entfernt Viren und Virenreste, die von den Schmutz-Tensid-Mizellen (Seife) abgetragen und weggespült werden. Händewaschen reduziert natürlich allgemein die Zahl der Krankheitskeime an den Händen.

61. Wie funktioniert die WEST-Händewasch-Strategie?

Wie beim Desinfizieren der Hände gilt auch hier, zuerst alle möglichen Barrieren wie Schmuck und Armbanduhr zu entfernen. Denn es geht ja auch um die Handgelenke und um die Finger. Um sich die wichtigsten Punkte beim gründlichen Händewaschen zu merken, braucht man nur an die Himmelsrichtung WEST zu denken.
→ *Wasser zum großflächigen Benetzen von Hand- und Handzwischenflächen*
     Wichtig ist hier nicht, ob das Wasser kalt oder warm ist, sondern, dass es fließt und alle Bereiche der Hände benetzt.
→ *Einseifen der nassen Hände für 20 bis 30 Sekunden von allen Seiten*

Die 20-bis-30-Sekunden-Regel ist hierbei nicht zu unterschätzen, denn normalerweise fällt der Händewaschgang deutlich kürzer aus.

Eine gute Orientierung bietet das zweimalige Summen von der Melodie des Liedes „Happy Birthday". Es darf ordentlich schäumen. Groben Schmutz abbürsten. Insbesondere sollten Fingerzwischenräume, die Außenseite des Daumens, die Fingernägel und auch die Handlinien gereinigt werden, weil sie beim normalen Waschen gerne zu kurz kommen und potentielle Tummelplätze für Bakterien

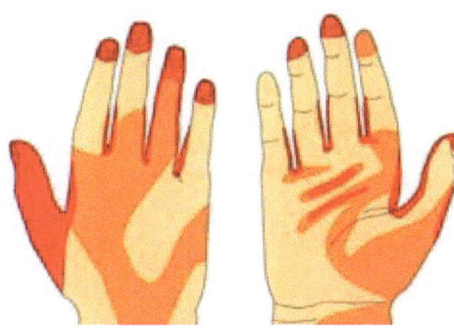

Grafik 4: Die beim Waschen oft vergessenen Stellen rot markiert Quelle: Michael Greger: Bird Flu

und Viren bieten. Das ist bei Untersuchungen beobachtet worden.

→ *Spülen der Seifenreste unter Fließendwasser*

Nach dem gründlichen Spülen mit warmem Wasser sollte Kontakt der Hände mit dem Wasserhahn vermieden werden. Der Wasserfluss kann stattdessen mit dem Ellenbogen oder mit einem Papier- oder Handtuch gestoppt werden.

→ *Trocknen der gewaschenen Hände in einem sauberen Tuch*

Am besten eignen sich ein Einmalhandtuch aus dem Spender oder ein persönliches Handtuch, um die Infektionskette zu unterbrechen. Lufttrockner sollten gemieden werden.

Handhygiene mit Wasser und Seife

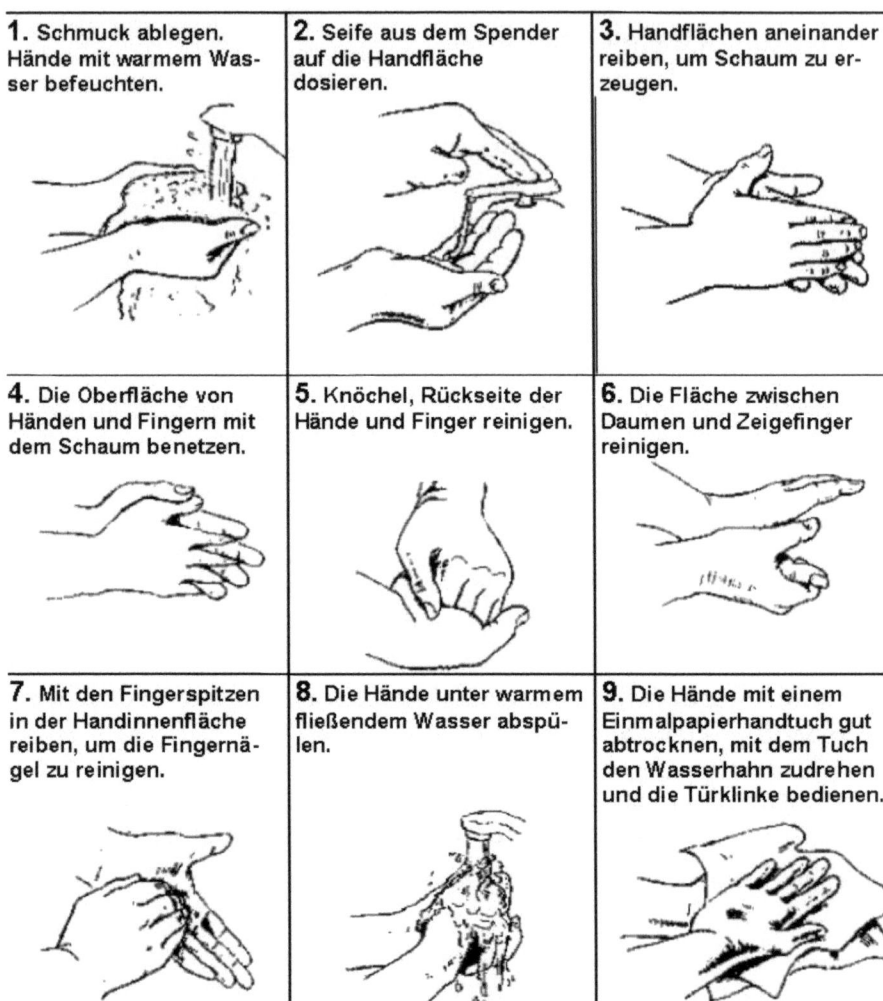

1. Schmuck ablegen. Hände mit warmem Wasser befeuchten.

2. Seife aus dem Spender auf die Handfläche dosieren.

3. Handflächen aneinander reiben, um Schaum zu erzeugen.

4. Die Oberfläche von Händen und Fingern mit dem Schaum benetzen.

5. Knöchel, Rückseite der Hände und Finger reinigen.

6. Die Fläche zwischen Daumen und Zeigefinger reinigen.

7. Mit den Fingerspitzen in der Handinnenfläche reiben, um die Fingernägel zu reinigen.

8. Die Hände unter warmem fließendem Wasser abspülen.

9. Die Hände mit einem Einmalpapierhandtuch gut abtrocknen, mit dem Tuch den Wasserhahn zudrehen und die Türklinke bedienen.

Grafik 5: Das genaue Vorgehen zeigt die übersetzte Abbildung aus einem neuseeländischen Grippe-Reaktionsplan. Quelle: Influenza Pandemic Planning: Business Continuity Planning Guide. Auckland 2009

62. In welchen Situationen ist Händewaschen angesagt?

Immer vor
- dem Essen,
- dem Einnehmen von Medikamenten
- dem Schminken und Benutzen kosmetischer Artikel wie z.B. Zahnbürste oder Zungenreiniger

Immer nach
- dem Naseputzen, Husten oder Niesen,
- dem Besuch der Toilette,
- der Arbeit/dem Nach-Hause-kommen,
- dem Windelwechseln
- dem Kontakt mit Tieren, Tierfutter oder Kot,
- dem Kontakt mit Abfällen

Immer vor und nach
- der Zubereitung von Speisen, besonders bei rohem Fleisch und Fisch
- der Behandlung von Wunden,
- dem Betreten von Krankenstationen,
- dem Kontakt mit Kranken

63. Worauf ist in öffentlichen Toiletten zu achten?

Gerade auf öffentlichen Toiletten sollte die Händewaschstrategie sorgfältig befolgt werden. Ausdrücklich vermieden werden sollte die Benutzung von Lufttrocknern. In keinem Fall sollte die Türklinke berührt werden, stattdessen sollte sich mit Ellenbogen, Einmalpapiertuch, Einmalhandschuhen oder Papiertaschentuch beholfen werden. Tuch oder Handschuh danach bitte sofort entsorgen.

64. Schädigt intensives Händewaschen mit Seife die Haut?

Wer sich alle zwei Stunden die Hände nach allen Regeln der Kunst gründlich wäscht, wird Hautprobleme bekommen. Natürlich reicht einmaliges Händewaschen, wenn Sie nach Hause kommen. Wenn Sie anschließend kochen oder essen, ist das nicht noch mal erneut notwendig. Denn die waschaktiven Substanzen können, je länger sie in Kontakt mit der Haut kommen, auch deren Funktion als Schutzbarriere angreifen.

Übliche Handseifen sollten durch ein Syndet oder eine leicht saure Handwaschlotion ersetzt werden. Empfehlenswert ist ein pH-Wert von 5,5. Das entspricht dem pH-Wert der Haut und unterstützt den Säureschutzmantel. Feuchtigkeitsbindend sind Handcremes, die Harnstoff, Glycerin, Milchsäure oder Hyaluronsäure enthalten. Eine Folienpackung, also das dicke Eincremen der Hände und anschließendes Einwirken in Vinyl- oder Baumwollhandschuhen oder unter einer Frischhaltefolie, sättigt die Hände mit Feuchtigkeit. Trockene, spröde Hände lassen sich durch fettreiche Produkte mit Inhaltsstoffen wie Urea, Glycerin und natürlichen Ölen gut pflegen. Auch Pflanzenöle kann man zur Hautpflege verwenden, wobei Kokosöl und Jojobaöl besser geeignet sind, die Hautbarriere zu stabilisieren, als zum Beispiel Olivenöl.

65. Hände waschen oder desinfizieren?

Eine Desinfektion ist dem Händewaschen überlegen und sollte bei hohem Ansteckungsrisiko oder nach dem Kontakt mit Körperausscheidungen durchgeführt werden. Viele nutzen es auch verstärkt in der Erkältungszeit. Der hochprozentige Alkohol schädigt wie Seife die Hülle des Virus. Das Waschen ist aber bei Verschmutzungen das Mittel der Wahl und allgemein angesichts des Mangels an Desinfektionsmitteln nicht verkehrt. Um das Austrocknen der Hände durch Seife zu verringern, könnte man auch mal die Hände gründlich waschen und bei der nächsten Handreinigung dann desinfizieren. Sowohl Desinfektion als auch Händewaschen sind keine hundertprozentigen Viruzide, aber von großem Wert für die Prävention.

66. Handdesinfektion, aber wie?

Wichtig ist, dass die Haut bei der Desinfektion trocken ist. Wassertropfen würden die Wirkung des Mittels schmälern. Neben Handinnen- und -außenflächen müssen die Handgelenke, Finger und Nägel eingerieben und für die Dauer der Einwirkungszeit – mindestens 20 Sekunden oder nach Produktaufschrift – feucht gehalten werden. Dabei an die Fingerzwischenräume denken, die erfahrungsgemäß oft vergessen werden. Wird ein alkoholhaltiges (60-90 Prozent) Desinfektionsmittel verwendet, dann sollten die Hände nicht mit einem Papiertuch abgetrocknet werden. Stattdessen das Reinigungsmittel so lange einarbeiten, bis die Hände luftgetrocknet sind.

67. Wie kann man sich notfalls Desinfektionsmittel selbst herstellen?

Wenn man nur noch wenig Desinfektionsmittel hat, sollte man es nicht mit Wasser strecken und ihm so die Wirkung nehmen. Besser sparsamer verwenden. Oder selbst machen. Um ein Desinfektionsmittel für die Hände selbst herzustellen, gibt es ein einfaches Rezept der WHO. Nehmen Sie dazu
- 0,8 l reinen Alkohol (Ethanol, aus der Apotheke; Spirituosen sind nicht hochprozentig genug), schütten Sie
- 0,2 l abgekochtes ausgekühltes Wasser hinzu und
- einen Schluck Glycerin (aus der Apotheke)

Gut umrühren. Nun haben Sie 1 Liter Desinfektionsmittel. **Beim Umgang mit Ethanol ist Vorsicht geboten. Direkter Hautkontakt,**

Kontakt mit Kindern, Einatmen und sonstige Einnahme sollte man tunlichst unterlassen. Das gleiche gilt für das ebenfalls hochprozentige Glycerin, das die Hände vor Austrocknung schützen soll. Die Desinfektionswirkung lässt sich auch ohne Glycerin erzielen.

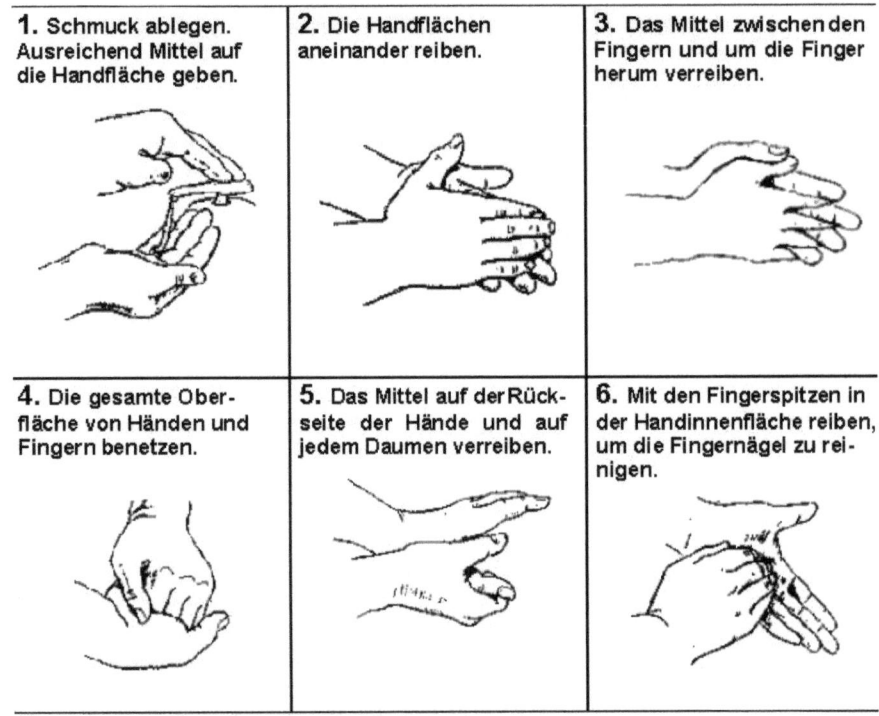

Handhygiene mit einem alkoholhaltigen Desinfektionsmittel

1. Schmuck ablegen. Ausreichend Mittel auf die Handfläche geben.

2. Die Handflächen aneinander reiben.

3. Das Mittel zwischen den Fingern und um die Finger herum verreiben.

4. Die gesamte Oberfläche von Händen und Fingern benetzen.

5. Das Mittel auf der Rückseite der Hände und auf jedem Daumen verreiben.

6. Mit den Fingerspitzen in der Handinnenfläche reiben, um die Fingernägel zu reinigen.

7. So lange weiter reiben, bis die Hände trocken sind.

Grafik 6: Das Desinfizieren der Hände. Die Dosierung sollte ausreichen, um die Hände 20 Sekunden feucht zu halten. Kein Wasser zur Verdünnung benutzen. Quelle: *Influenza Pandemic Planning: Business Continuity Planning Guide. Auckland 2009 (modifiziert)*

68. Was muss ich in den eigenen vier Wänden beachten?

In Haushalten, in denen nicht bereits Infizierte leben, kann laut Bundeszentrale für gesundheitliche Aufklärung auf Reinigungsmittel mit desinfizierender Wirkung oder Putztücher verzichtet werden. Ausreichend sind in unbelasteten Haushalten die herkömmlichen Putzmittel. Es sollte regelmäßig gelüftet werden, um die Raumluft von Altlasten zu befreien. Problematisch ist, dass Heizungsluft und auch aufgewärmte Raumluft Schleimhäute austrocknet, die es gilt feucht zu halten. Stoßlüften und Aufenthalte an der frischen Luft wirken dem entgegen.

Putzutensilien, Bettwäsche und Handtücher sollten bei 60 °C gewaschen werden. Ist eine Person in den eigenen vier Wänden an einer Atemwegsinfektion erkrankt, dann sollten alle unmittelbaren Handkontaktflächen wie Lichtschalter, Fernbedienungen, Fenstergriffe, Telefonhörer, Armaturen und Türklinken regelmäßig desinfiziert werden. In Praxen geschieht das zwei- bis dreimal täglich, gar so oft muss es bei einer Person zu Hause nicht sein. Auch Körperkontaktflächen wie Toilettensitze und -deckel, Spültasten, Spritzflächen und Waschbecken sollten desinfiziert werden, daneben der Seifenspender und der Mülleimer. Benutztes Geschirr sollte idealerweise mit Heißwasser im Geschirrspüler gereinigt werden statt mit lauwarmem Wasser von Hand. Das Teilen von Handtüchern, Seifenstücken und anderen Gebrauchsgegenständen ist ungünstig. Ist ein Infekt bekannt, dann sollte der Kontakt zu dieser Person eingeschränkt werden und zur Sicherheit vom Kranken und allen Personen im Raum Mundschutz getragen werden. Die Mundschutze können mit Desinfektionsspray behandelt werden. Eine Fläche darf nur mit nebelfeuchtem Tuch aufbereitet werden, weil trockenes Staubwischen Partikel aufwirbelt und so möglicherweise auch Keime in der Luft verteilt. Bei manchen Oberflächen ist es schwierig, sie gründlich mit waschaktiven Substanzen zu reinigen. Hier ist Desinfektionsspray eine Option.

Ein Tipp: Bei Ihrem Smartphone sammeln sich vor allem auf dem Display Bakterien und Viren. Alkoholhaltige Flüssigkeiten können die Oberfläche angreifen, ebenso viele Hygienetücher. Verwenden Sie also kein Desinfektionsspray dafür, sondern nur Mittel ohne Alkohol, und wischen Sie nicht zu feucht. Auch eine trockene Reinigung ist besser als nichts.

69. Was gehört zum sicheren Umgang mit Lebensmitteln?

Um eine Verunreinigung des Essens und damit Krankheiten zu vermeiden, gibt es Grundsätze für die Lebensmittelsicherheit. Dazu gehören:
- Hände, Küche und Küchengerät sauber halten;
- rohe und gegarte Lebensmittel voneinander trennen, vor allem rohes Fleisch und frische Waren;
- Lebensmittel gründlich garen, das Erhitzen tötet Keime ab
- Lebensmittel auf einer sicheren Temperatur halten (5 °C oder über 60 °C); und
- nur hygienisch unbedenkliche Rohstoffe verwenden

Die neuen Corona-Regeln

Den Wortlaut der Bund-Länder-Beschlüsse von März bis Mai 2020 finden Sie im *Anhang*. Wir erläutern hier einige Punkte näher. Mitte Mai fasste das Bundesgesundheitsministerium drei Regeln als „AHA-Formel gegen Corona" werbewirksam zusammen: **A**bstand + **H**ygiene + **A**lltagsmaske.

70. Gelten 1,50 oder 2 Meter Mindestabstand?

Eine Sanktion haben Sie erst bei Unterschreiten der 1,50 Meter zu befürchten. Am 22. März einigten sich Bund und Länder unter Punkt II. (s. *Anhang*) auf die Regel, dass in der Öffentlichkeit zu Personen, die nicht zum eigenen Hausstand gehören, „wo immer möglich" ein Mindestabstand von 1,50 Meter einzuhalten ist. Er wird auch etwa beim ÖPNV erwähnt (und soll möglichst auch im Taxi eingehalten werden). Nachdem zuvor vage von „ein bis zwei Metern" gesprochen wurde, folgte Deutschland damit genau der WHO-Empfehlung. Die Bundesregierung hat den offiziellen Beschluss von 1,50 Meter veröffentlicht, schreibt aber in ihrem Angebot „in leichter Sprache" seltsamerweise immer von 2 Metern. Auch für Gesundheitsbehörden haben die 2 Meter Relevanz. Zu Infizierten sollten 2 Meter Abstand gehalten werden. Nun gut: Es dient Ihrem eigenen Schutz, wenn Sie versuchen, auf zwei Meter Distanz zu bleiben. Bei einem Nieser können immerhin Tröpfchen mit Krankheitserregern durchaus acht Meter weit geschleudert werden, mit 500 und mehr Stundenkilometern, bei einem Huster sechs Meter (*Spektrum.de 20.6.2016*). Ein herzhafter Nieser kann theoretisch Krankheitserreger in einem ganzen Zimmer verteilen. Abstand bedeutet Schutz. Dies sollte auch beim Plausch mit dem Nachbarn beachtet werden oder beim „Schnacken" mit Bekannten, die Sie unterwegs treffen. Halten Sie draußen immer zwei große Schritte

Abstand zu anderen Menschen. Vermeiden Sie überfüllte Räume. Bei den Menschen, mit denen Sie zusammenwohnen, muss der Abstand nicht so groß sein.

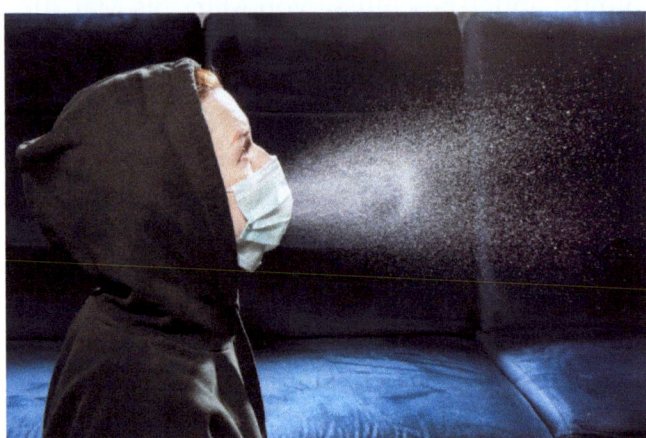

Ein heftiger Nieser kann Tröpfchen acht und mehr Meter weit schleudern – da hilft auch ein Mundschutz nur bedingt.

71. Welches sind die Kontaktbeschränkungen?

Die Regel I., die Bund und Länder am 22. März aufgestellt haben (s. *Anhang*), hält die Bürger dazu an, „die Kontakte zu anderen Menschen außerhalb der Angehörigen des eigenen Hausstands auf ein absolut nötiges Minimum zu reduzieren". Gemeint ist: sich nicht mit anderen Menschen treffen, nur mit jenen, mit denen man die Wohnung teilt. Partys sind nicht mehr erlaubt (Regel V.). „In leichter Sprache" wird das rigoros formuliert: „Man darf nicht draußen feiern. Man darf sich auch nicht zum Feiern in der Wohnung treffen. Und man darf nicht an anderen Orten gemeinsam feiern. Die Polizei überwacht, ob diese Regel eingehalten wird."
  Der weiteren Reduzierung der Kontakte dient die Schließung von Geschäften und vielen Dienstleistungsbetrieben (Regeln VI. bis

VIII.), besonders ihrer Publikumsverkehre. Schon am 16. März waren die Branchen definiert worden, die offenbleiben dürfen und die schließen müssen. Die Bundesländer haben daraufhin detaillierte Positivlisten erstellt (beides dokumentiert im *Anhang*). Betroffene sind nicht ganz wehrlos, wenn Behörden über das Ziel hinausschießen. Die Stadt Aachen musste die Entscheidung zurücknehmen, die Genussmittelgeschäfte zu schließen, nachdem ein Weinhändler dagegen geklagt hatte. Die Schutzverordnung des Landes hatte den Verkauf von Eis, Kuchen, Wein und Delikatessen erlaubt.

Die Deckung des Grundbedarfs blieb jederzeit gewahrt durch das Offenhalten von Supermärkten, Drogerien, Banken und Tankstellen – dies trug zur hohen Akzeptanz der Schutzmaßnahmen bei. Dienstleistungsbetriebe wie Friseursalons, bei denen körperliche Nähe üblich ist, wurden nach dem 22. März geschlossen. Medizinische Anwendungen wie verschriebene Massagen blieben möglich. Am 4. Mai wurde Friseuren der Wiederbetrieb ermöglicht, Kunden müssen ihren Mund-Nasen-Schutz mitbringen und erhalten einen Einwegumhang. Da allein letzterer bereits 20 Cent bis 1 Euro kostet, wird mit leicht steigenden Preisen beim Friseur gerechnet. Kosmetik- und Tattoo-Studios, in denen ein Mindestabstand von 1,5 Metern nicht eingehalten werden kann, blieben noch länger geschlossen, weil sie nicht im selben Maß einen Grundbedarf decken bzw. nicht medizinisch notwendig sind.

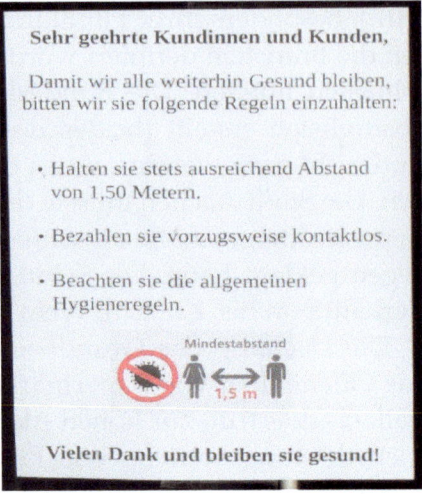

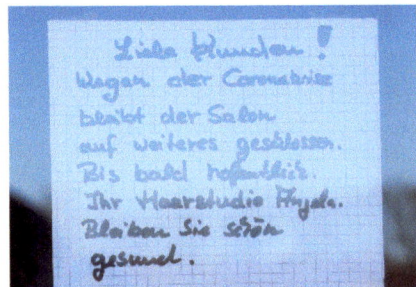

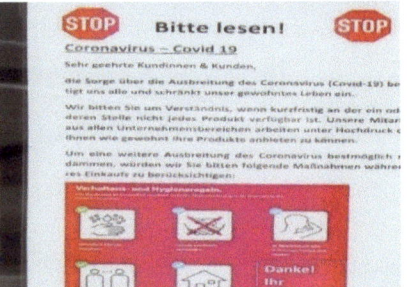

Aushänge in norddeutschen Geschäften im April 2020. Fotos: hp

Schon durch die Schließung der Gaststätten und Cafés war es in deutschen Städten ungesellig geworden. In vielen Restaurants würden sich Mindestabstände realisieren lassen, aber durch das Hantieren mit Speisen, wegen häufig angeregter Gespräche und der Unmöglichkeit, beim Essen oder Trinken Mundschutz zu tragen, besteht eine Ansteckungsgefahr. Deshalb durften Gaststätten noch längere Zeit nicht von Gästen betreten werden. Essen von auswärts war in einigen Bundesländern bis Ende Mai nur durch Lieferdienste oder Selbstabholung zu realisieren. Die Drive-in-Schalter der großen Schnellimbissketten waren überall offengeblieben und wurden stärker als sonst frequentiert.

Einkaufsbummel waren im März und April 2020 erkennbar nicht mehr erwünscht. Abgerundet wurde das Herunterfahren des öffentlichen Lebens durch die Schließung von Hochschulen, Schulen und Kindergärten, Empfehlung der Teleheimarbeit, Beendigung der Gottesdienste, des Vereinssports und außerschulischer Bildungsangebote. Bereits ab 12. März waren Großveranstaltungen über 1000 Personen verboten, was dann auf Veranstaltungen mit mehr als 100 Teilnehmern ausgedehnt wurde bis hin zum gänzlichen Verbot nach dem 22. März. Kritik entzündete sich zunächst an einigen Ungereimtheiten. Paradebeispiel war die Schließung von Kirchen, während in den meisten Bundesländern gleichzeitig die Baumärkte geöffnet bleiben durften als Geschäfte des „täglichen Bedarfs".

Am 26. Mai verständigten sich Bund und Länder darauf, die Kontaktbeschränkungen bis zum 29. Juni 2020 zu verlängern. Bund und Länder empfehlen weiterhin, die Zahl der Menschen, zu denen man Kontakt hat, möglichst gering und den Kreis möglichst konstant zu halten. Vorerst noch unterliegen die Menschen in Deutschland (und vielen anderen Ländern der Welt) einem weitgehenden Kontaktverbot, manche bezeichnen es auch als Kontaktsperre oder Versammlungsverbot. Dabei will Ihnen selbstverständlich niemand das Recht streitig machen, den Draht zu Ihren Angehörigen, Freunden und Bekannten zu pflegen. Doch gerade ältere Menschen, kranke und immungeschwächte Freunde und Verwandte schützt man am besten, wenn man eine Zeit lang persönliche Kontakte meidet. Greifen Sie stattdessen lieber zum Telefon, Mailen oder Skypen Sie, es gibt viele Möglichkeiten. Bleiben Sie gern in Verbindung, nur eben mit etwas Abstand.

72. Wie wirkt Social Distancing auf die Corona-Kurve?

Eine räumliche Distanzierung der Menschen untereinander erschwert logischerweise die Ausbreitung ansteckender Krankheiten und ist eine erprobte Maßnahme der Infektionskontrolle. Der Spruch „Flatten the Curve" findet sich längst schon auf T-Shirts. Es ist die Aufforderung an alle, durch Abstandhalten und Zuhausebleiben das exponentielle Wachstum der Corona-Fallzahlen zu senken und die Ausbreitungsgeschwindigkeit von SARS-CoV-2 zu verlangsamen. Warum ist das „Abflachen der Kurve" so wichtig? Am 7. April 2020 wurde die Ansteckungsrate oder Reproduktionsrate in Deutschland mit 1,3 angegeben. Der Wert war problematisch. Das RKI betonte, er müsse dauerhaft unter 1 liegen, damit die Epidemie eingedämmt wird. Kanzlerin Angela Merkel sagte, die Marke sei auch mit Blick auf Lockerungen der Corona-Auflagen ein wichtiges Kriterium. Mitte April wurde errechnet, dass bei 1,1 im Oktober die Kapazitätsgrenze des deutschen Gesundheitssystems erreicht würde, bei 1,2 im Juli und bei 1,3 bereits im Juni. Dabei wäre bei einem Wert von 1,1 im Oktober die Grenze für längere Zeit deutlich überlastet und bei 1,3 im Juni von der viel steileren Welle kurzzeitig extrem überlastet. Glücklicherweise wurde am 16. und 17. April bereits ein Wert von 0,7 erreicht, der dann zwar noch einmal (für einen Tag) bis 1 stieg, aber am 29. April bei 0,75 festgestellt wurde, also im „grünen Bereich". Ziel der Bundesregierung ist es aktuell weiter, die Reproduktionsrate des Virus dauerhaft unter 1 zu halten, damit die Zahl der Erkrankten nicht weiter steigt und das Gesundheitssystem in Bedrängnis bringt. Nur dann bleibt die Epidemie für uns ohne eine unnötig hohe Zahl von Toten kontrollierbar.

Soziale Kontakte eines Infizierten	Zahl der Infizierten nach 5 Tagen	Zahl der Infizierten nach 30 Tagen
100 Prozent (vor den Corona-Regeln)	2,5	406
50 Prozent	1,25	15
25 Prozent	0,625	2,5

Tabelle 4: Social Distancing wirkt: Wenn der erste Infizierte und alle von ihm angesteckten Personen ihre Kontakte halbieren, ist die Zahl der Gesamtinfizierten nach einem Monat um 96 Prozent kleiner.

Quelle: Signer Laboratory

Grafik 7: In Berlin gingen die Bewegungen in Parks um 63 Prozent zurück, an Bahnhöfen und Bushaltestellen um 70 Prozent und zum Arbeitsplatz um 44 Prozent zurück (die Prozente sind addiert). Die Hauptstadt vollzog damit nach den von Google ausgewerteten Bewegungsdaten die stärkste Bremsung der Mobilität im Vergleich zum Durchschnitt der ersten fünf Wochen des Jahres.

73. Was sind die Ausgangsbeschränkungen (Stay@home)?

Die Bund-Länder-Regel III. vom 22. März erlaubte in der Öffentlichkeit gerade einmal das Treffen einer weiteren Person, die nicht aus dem eigenen Haushalt kommt. Außerdem durfte man
- allein nach draußen gehen oder
- mit den Menschen nach draußen gehen, mit denen man die Wohnung teilt

Erlaubt war es, Spaziergänge zu machen und sich an der frischen Luft zu bewegen – was einige andere europäische Länder ihren Bürgern nicht mehr zugestanden. Auch Sport mit einer weiteren Person aus einem anderen Haushalt blieb erlaubt unter Einhalten des Mindestabstands. Ohne dieses Frischlufttanken wäre die Situation noch belastender gewesen. Das Höchste der Gefühle bestand darin, etwa einen Freund zu treffen zu gemeinsamem Sport, bei dem aber der Mindestabstand zu wahren war. Möglich war, allein zu angeln (die Fischteiche waren allerdings geschlossen) oder allein mit dem eigenen Kanu zu fahren. Verwirrenderweise war in manchen Bundesländern das Joggen in einem Park erlaubt, nicht jedoch das Verweilen auf einer Parkbank. Für die Kinder war es sehr hart, nicht ihre Freunde in deren Familien besuchen zu dürfen. Gleichzeitig waren die Spiel- und Sportplätze geschlossen. Es gab bis in den Mai hinein verlängerte Ferien, aber keinerlei Reisemöglichkeiten, selbst die Campingplätze blieben zu.

Der Bund-Länder-Beschluss vom 6. Mai erlaubte in Abweichung der Regel, nur eine Person treffen zu dürfen, nun das Treffen von Personen aus zwei Haushalten. Die Umsetzung in den Ländern zog sich bis Mitte Mai hin, seither dürfen sich zwei Familien treffen z.B. zu einem Grillabend oder zum Essengehen (Sachsen-Anhalt ab 4. Mai: fünf Personen, Zahl der Haushalte, aus denen sie stammen, egal). Dazu einige praktische Beispiele:
- In Restaurants dürfen sich Bekannte oder Verwandte aus zwei Haushalten an einen Tisch setzen. Weitere Verwandte müssten an einem anderen Tisch Platz nehmen.

• Eine Skatrunde von drei Personen aus drei Haushalten ist auch im eigenen Garten oder im gepachteten Schrebergarten nicht zulässig. Eine zu große private Runde könnte, wenn sie angezeigt wird, von der Polizei aufgelöst werden.

• Das Auto (oder auch das eigene Boot) gilt als privater Raum, in dem Gäste mitgenommen werden dürfen.

Mindestabstand und das Tragen von Mund-Nasen-Schutz beim Einkaufen sollten ebenfalls zunächst bis 5. Juni 2020 gelten. Gleichzeitig wurde auf Wunsch des Kanzleramts ein Mechanismus für die Wiedereinführung der Beschränkungen eingeführt: Wenn ein Kreis oder eine kreisfreie Stadt innerhalb von sieben Tagen mehr als 50 Neuinfektionen auf 100 000 Einwohner zu verzeichnen hat, die nicht an einem Ort (z.B. in einem Altenheim) auftreten, muss der Kreis Beschränkungen wieder einführen. Er muss aber nicht zwingend zu den Auflagen, die am 20. April galten, zurückkehren. Diesem Wunsch der Kanzlerin, der in der betroffenen Region einen erneuten Shutdown mit Schließung von Schulen, Teilen des Handels und Friseuren bedeutet hätte, folgten die Ministerpräsidenten nicht.

Viel Disziplin erforderte auch die Regel IV. für den Aufenthalt im öffentlichen Raum. Sie erlaubte das Verlassen des eigenen Grundstücks bzw. der Wohnung nur aus triftigem Grund:

• Aufsuchen der Arbeit
• Weg zur Notbetreuung der Kinder
• Einkaufen
• Arztbesuche
• Teilnahme an Sitzungen etwa von Gemeindevertretung oder Kreistag
• Teilnahme an erforderlichen Terminen (z.B. Blutspenden) und Prüfungen
• Hilfe für Andere z.B. Einkaufshilfe

Erlaubt waren im öffentlichen Raum außerdem „notwendige Tätigkeiten". Hier galt nicht immer die eigene Definition, die Polizei war stellenweise geneigt, das enger auszulegen als man selber. Grillen und Picknicken im Freien wurden grundsätzlich als Ordnungswidrigkeiten geahndet, Beteiligte mussten Bußgeld zahlen. Diese Art der Freizeitgestaltung gehöre nicht zu den Tätigkeiten, die ein Verlassen der eigenen Wohnung rechtfertige, hieß es dann. Ein Grillen im Garten mit den Angehörigen des eigenen Haushalts war dagegen zulässig. Seit 21. März durften die Saarländer ihre Wohnung nur mit einem triftigen Grund verlassen. Am 28. April entschied der Saar-Verfassungsgerichtshof, dass diese strenge Regelung nicht mehr begründet sei.

Soweit die offiziellen Regeln. Aus den verfügten Schließungen von Betrieben, Geschäften und Dienstleistern ergab sich eine weitere Einschränkung der Bewegungs- und Ausgangsmöglichkeiten. Der Sportbetrieb in privaten wie öffentlichen Sportanlagen wurde ausgesetzt, Schwimmbäder wurden geschlossen. So etwas hatte es in Deutschland nicht mehr gegeben seit den Ausgangssperren, die die Besatzungsmächte 1945 gegen die deutsche Bevölkerung verhängt hatten.

Die scharfen Ausgangsbeschränkungen auf der Grundlage des Infektionsschutzgesetzes werden seit April gelockert. Vorerst empfiehlt sich als Richtschnur: Machen Sie so wenige Wege wie möglich, um sich und ihr Umfeld nicht unnötig zu belasten. Nur so bleibt auch jenen, die Bus oder Bahn nutzen müssen, ausreichend Sicherheitsabstand in den Verkehrsmitteln. Mögliche Berührungspunkte mit der Öffentlichkeit sollten auf ein Mindestmaß reduziert werden. Auch die Wege etwa beim Einkaufen lassen sich bewusst gestalten, um den Aufenthalt in der Öffentlichkeit allzu lang werden zu lassen. Wer gezielt nur ein oder zwei Geschäfte ansteuert, verringert seine Kontakte. Einzuhalten sind in jedem Fall der Mindestabstand und die Beschränkung der Personenanzahl.

Auf Partys zu gehen oder in einer Gruppe zu feiern ist nicht erlaubt. Nichteinhalten dieser Regel kann eine polizeiliche Strafe nach sich ziehen. Seit Mitte Mai können sich aber zwei verschiedene

Haushalte treffen, was immerhin etwa ein kleines Familien- oder Verwandtentreffen ermöglicht. Auch haben einige Bundesländer im Mai kleinere Veranstaltungen erlaubt und gerade für Partys im privaten Raum die Bestimmungen gelockert.

74. Was blüht mir, wenn ich Corona-Regeln missachte?

Für die Bußgeldhöhe ist der bundesland-individuelle Busgeldkatalog zu berücksichtigen. Im Falle von Schleswig-Holstein werden bei Erstverstößen Geldstrafen von 150 bis 5000 Euro vergeben. Wer sich unerlaubt Zutritt zu den Inseln der Nord- oder Ostsee verschaffte, als dies noch nicht erlaubt war, musste 150 Euro Strafe zahlen. Einrichtungen, die sich nicht an Schließungen hielten, hatten mit Strafen von bis zu 5000 Euro zu rechnen. Das illegale Beherbergen von Personen zu touristischen Zwecken wurde mit 4000 Euro geahndet. Zu berücksichtigen ist auch, dass die gesetzliche Obergrenze für einen erneuten Regelverstoß bei 25 000 Euro liegt.

In Nordrhein-Westfalen müssen Besucher, die gegen ein Besuchsverbot verstoßen, in der Regel 200 Euro bezahlen. Ein Baumarkt, der Kunden ohne Schutzmaßnahmen einlässt, zahlt 2500 bis 5000 Euro, bei einem Blumengeschäft sind es 500 bis 1000 Euro. Ein Tourist, der vor Anfang Mai ein Übernachtungsangebot wahrnahm, zahlte 500 Euro, der Inhaber des Betriebs 4000 Euro. Der Besitzer eines Restaurants, das seine Gäste im Innen- oder Außenbereich essen ließ, zahlte 1000 Euro. Zusammenkünfte in der Öffentlichkeit von mehr als 2 Personen kosteten jeden Beteiligten 200 Euro, die Teilnahme an einem Picknick auf öffentlichen Plätzen 250 Euro. Da die Strafen drakonisch sind, lohnt sich ein Blick in den Corona-Bußgeldkatalog Ihres jeweiligen Bundeslandes, zumal es in Ländern und Kommunen zusätzliche Bestimmungen geben kann.

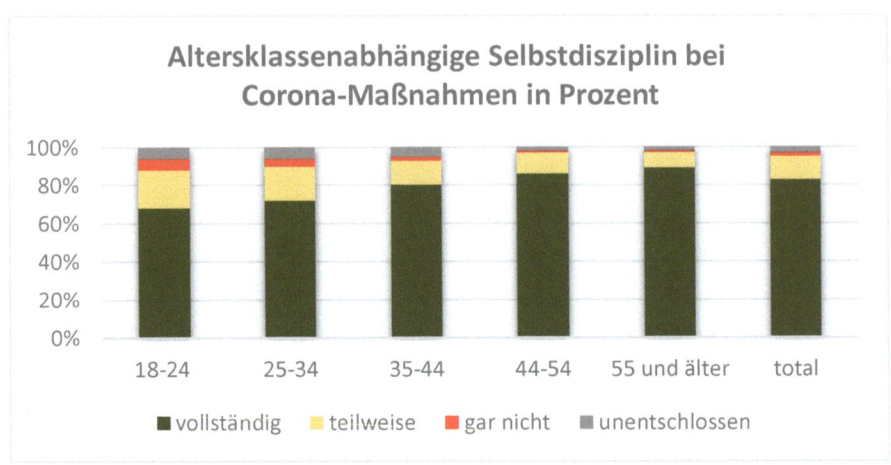

Grafik 8: Wie genau befolgen die Bürger die Regeln der Bundesregierung? Umfrage des Meinungsforschungsinstituts YouGov unter 2042 Personen zwischen dem 23. und 25. März 2020.

75. Das sicherste Verkehrsmittel in Corona-Zeiten?

Erst einmal gilt auch hier: Weniger Kontakt, geringeres Ansteckungspotential. Im Auto, auf dem Motorrad (ohne Sozius) oder Fahrrad ist es sicher. Wenn Fußgänger, Radler und Jogger auf Abstand achten, kann kaum etwas passieren, denn in der freien Natur werden die eventuell virenhaltigen Tröpfchen des Entgegenkommenden schnell verweht. Beim Nutzen des öffentlichen Nahverkehrs schmälern folgende Verhaltensregeln das Infektionsrisiko:

   • falls möglich, sollten Fenster geöffnet werden, um für Luftzirkulation zu sorgen;

   • selbstredend ist Abstandhalten auch hier das A und O;

   • für die eigene Sicherheit bietet sich das Tragen von Handschuhen an, die täglich gewechselt oder heiß gewaschen werden sollten.

Generell sollten Bus und Bahn von all denjenigen gemieden werden, die nicht darauf angewiesen sind. Nur so ist es den Menschen, für die die ÖPNV-Nutzung elementar ist, möglich, den für ihre Sicherheit notwendigen Abstand zu wahren.

76. Sollte man sein Auto desinfizieren?

Ja, wenn es von mehreren Personen genutzt wird. Wer zuvor zum Beispiel einen Zapfhahn an der Tankstelle oder einen Parkautomaten berührt hat, könnte Coronaviren ins Auto tragen, die sich dort bis zu mehreren Tagen vermehrungsfähig halten. Wichtig ist das feuchte Abwischen von Lenkrad, Schalthebel, Touchscreen, Bedienelementen und Türgriffen. Seife oder Spülmittel benutzen und den Schaum kurz einwirken lassen. Desinfektionsmittel kann Oberflächen schädigen und ersetzt die regelmäßige Innenraumreinigung nicht. Die Umluftfunktion der Klimaanlage sollte allgemein nur selten benutzt werden, sie könnte etwaige vorhandene Keime eher noch weiter im Innenraum des Autos verteilen.

77. Muss ich mich in Hallenbad und Sauna besonders schützen?

Schwimmbäder und Saunen sind normalerweise keine Orte mit erhöhtem Infektionsrisiko. Schwimmbadwasser kann aufgrund des Chlorgehalts praktisch keine infektiösen Viren enthalten. Und in Saunen mindern die zu hohe Luftfeuchtigkeit und die Hitze ihre Vermehrungsfähigkeit. Ansonsten ist an diesen Orten natürlich auch der geltende Verhaltenskodex zu befolgen, zwei Meter Abstand sowie Husten- und Niesetikette inklusive. Menschen, die infiziert sein könnten, sollen Schwimmbäder und Saunen natürlich nicht aufsuchen.

78. Worauf sollte beim Einkauf geachtet werden?

Bund und Länder beschlossen am 16. März die Schließung aller nicht für die Grundversorgung notwendigen Geschäfte mit Publikumsverkehr sowie der Restaurants und Gaststätten. Eine Lockerung brachte der Beschluss vom 15. April, nach denen Geschäfte bis zu 800 Quadratmeter Verkaufsfläche sowie auch größere Kfz-Händler, Fahrradhändler und Buchhandlungen wieder öffnen dürfen. Die Bund-Länder-Beschlüsse vom 6. Mai erlaubten die Öffnung weiterer Geschäfte, ohne Quadratmeter-Begrenzung. Beim Betreten eines Lebensmittelladens bietet sich der Gebrauch eines Einkaufswagens an, weil dieser beim Einhalten des Sicherheitsabstands hilft. Der geschobene Wagen wirkt als Barriere und Abstandshalter. Manche Märkte verlangen seine Benutzung auch, um die Kundenzahl zu kontrollieren. Das Infektionsrisiko im Supermarkt ist gering, wenn nicht unnötig viele Gegenstände berührt werden. Mit den anderen Kunden sind Sie nicht für längere Zeit zusammen.

79. Warum können Handschuhträger gefährlich werden?

Neben Maskenträgern nehmen auch die Handschuhträger beim Einkauf zu. Handschuhe dienen zwar dem Selbstschutz, stellen jedoch aber eine potentielle Gefahr für die Umgebung dar. Denn Handschuhträger tendieren dazu, ihr Verhalten weniger stark zu hinterfragen. Das sich einstellende Gefühl von Sicherheit kann dafür sorgen, dass mehr Waren und Oberflächen angefasst werden. Sprich: Es werden potentiell mehr Bakterien und Viren verteilt als mit bloßen Händen. Dabei bleiben Coronaviren etwa auf Einkaufswagen nicht lange aktiv. Handschuhe sind beim Einkaufen normalerweise unnötig. Auch müssen Handschuhe nach dem Einkauf entsorgt oder zweckmäßig gereinigt werden. Es reicht aus, beim Einkauf und auf dem Nachhauseweg nicht ins Gesicht zu fassen und sich die

Hände anschließend nach unserer WEST-Regel (s. *Frage 61*) oder durch Desinfizieren zu säubern.

80. Wann kaufen Risikogruppen am besten ein?

Wer möglichst wenigen Menschen beim Einkauf begegnen will, kann sich an die Statistik halten. Die Gesamtausgaben der Privathaushalte im Lebensmittelhandel verteilen sich so:
• Montag und Mittwoch je 14 Prozent
  • Dienstag 13 Prozent
  • Donnerstag 17 Prozent
  • Freitag 20 Prozent
  • Sonnabend/Sonntag 22 Prozent
Ältere Menschen kaufen gern schon bei Ladenöffnung ein. Die Verkaufsflächen sind auch so kurz nach der Reinigung besonders frei von Keimen. Der frühe Morgen – gerade am Wochenanfang – ist ein guter Zeitpunkt für Risikogruppen, Einkäufe zu erledigen. In Großbritannien und Irland zum Beispiel behalten Supermärkte exklusiv Senioren und Rentnern meist frühmorgens spezielle Öffnungszeiten vor, zum Beispiel von 7 bis 9 Uhr. In Deutschland ist dies bisher noch nicht verbreitet.

81. Was ist auf dem Wochenmarkt zu beachten?

Auch sie dienen der Grundversorgung der Bevölkerung mit frischen Lebensmitteln. Hier sind aber wie im Einzelhandel die Abstandsregeln zu beachten, auch bei eventuellen Warteschlangen. Auf längere Beratungsgespräche sollte verzichtet werden, Kunden sollten nicht übermäßig lange verweilen und ausgelegte Waren nicht vor dem Kauf anfassen. Auf das Händeschütteln muss selbstverständlich in Pandemiezeiten verzichtet werden. Marktstädte wie Heide in Holstein haben aufgrund zu großen Gedränges eine Mund-Nasen-

Schutzpflicht für Wochenmarktbesucher eingeführt. Wer nicht mehr zum Wochenmarkt gehen will, kann bei seinen Lieblingsanbietern nun eventuell ja auch einen Lieferservice nutzen.

82. Was gilt bei Trauungen und Beerdigungen?

Religiöse Zusammenkünfte, Gebete oder Messen waren bis in den Mai untersagt. Der Pastor konnte gerade noch seine Amtshandlungen filmen lassen und ins Internet stellen. Taufen, Konfirmationen und kirchliche Trauungen müssen in Zeiten der Kontaktbeschränkung ausfallen. Die standesamtliche Heirat bleibt ohne Gäste möglich. Trauerfeiern sind nicht mehr in geschlossenen Räumen erlaubt und draußen nur mit maximal etwa zehn Teilnehmern aus dem engsten Familienkreis, zumindest in Schleswig-Holstein. Thüringen gestattete schon ab 4. Mai wieder Trauerfeiern auch in geschlossenen Räumen. Teilnehmen dürfen weiter nur der engste Kreis und der Geistliche oder Trauerredner. Die Teilnehmer müssen ihre Adressen hinterlegen.

COVID-19

VERHALTENSREGELN ZUM SCHUTZ VOR CORONAVIRUS

 Regelmäßig Händewaschen!

 Mindestens 2m Abstand halten!

 In Armbeuge oder Einweg-taschentuch husten und niesen!

 Wenn möglich, zu Hause bleiben!

 Körperkontakt zu anderen Personen vermeiden!

VORSORGEN & HELFEN

Analyse der eigenen Situation (Fragen 83-87)
Persönliche Notfallvorsorge (Fragen 88-102)
Einkommen und Geldanlage (Fragen 103-110)
Die Krise bewältigen und anderen helfen (Fragen 111-116)

Analyse der Situation

83. In was für einer Krise stecken wir eigentlich?

Zweifellos stellt die Corona-Pandemie eine schwere Krise dar. Von einer Katastrophe möchte ich bezogen auf Deutschland nicht sprechen, weil das Gesundheitssystem bislang nicht überfordert wurde und die gesamte Grundversorgung einschließlich Strom und Kommunikationsnetzen intakt geblieben ist – die Personalausfälle in den wichtigen Betrieben waren überschaubar. Italien, Spanien, Portugal und die USA erklärten den nationalen Notstand. Die Bundesregierung nutzt über das Infektionsschutzgesetz in Zusammenarbeit mit den Bundesländern weitreichende Möglichkeiten der Einwirkung. Von der Möglichkeit der Bundesländer, zur besseren Bewältigung einer Notlage den Katastrophenfall auszurufen, in dem ebenfalls Grundrechte eingeschränkt werden können, hat Bayern in der Corona-Krise Gebrauch gemacht.

Machen Sie sich bewusst, um was für eine Art Krise es sich handelt. Das Problem ist ein Virus, also in der Sprache des Katastrophenschutzes ein biologischer Gefahrenstoff. Wir haben es von daher mit einer biologischen Krise zu tun. Ich muss also zur Krisenbewältigung auch biologisch handeln. In diesem Fall ist ganz offensichtlich mit besonders sorgfältigen Hygienemaßnahmen und Vorsicht bei Kontakten zu anderen Menschen zu reagieren. Macht man sich die biologische Gefahr und die Notwendigkeit einer biologischen Antwort klar, hat man bereits die wichtigste Richtschnur für das eigene Handeln in dieser Krise hergeleitet. Wer diesen Zusammenhang versteht und annimmt, wird im weiteren Verlauf der Krise zum Beispiel das häufige Händewaschen nicht mehr vergessen. Es kommt in dieser Zeit vor allem darauf an, biologisch bedacht zu handeln, um gesund zu bleiben und die Gesundheit anderer zu schützen. Wenn man zusätzlich noch das notwendige Grundwissen über den Gefahrenstoff hat, kann man sich bei einer Vielzahl von

95

Fragen und Tätigkeiten bereits selbst die richtige Antwort geben. Sollte ich im Taxi einen Mundschutz anlegen? Kann ich mit dem benutzten Papiertaschentuch schnell noch einen Fleck wegwischen? Ist Augenreiben jetzt ein gesundheitliches Risiko? Reicht der Abstand beim angeregten Gespräch über den Gartenzaun aus? Sie, lieber Leser, können das selbst längst ganz gut einschätzen.

Bedenken Sie bei Ihrer Analyse die staatlichen Stellen mit. Sind vielleicht gerade in Ihrer Region die Entscheider überfordert, oder nehmen sie die Situation nicht ernst? Hat der Staat die Krise gut im Griff, oder zeigen sich Versäumnisse bei der Vorsorge, eklatante Mängel im Krisenmanagement und Fehlentscheidungen? Bei Katastrophenschutzübungen und Risikoanalysen ist ein Pandemie-Szenario in Deutschland häufiger durchgespielt worden. Die Bundesregierung bildete im Fall der Pandemie früh einen Krisenstab und ein „Corona-Kabinett", sie nahm die Situation offenbar ernst. Ab Mitte März wurde die Öffentlichkeit regelmäßig sachlich informiert, dies beugte einer Verunsicherung vor. Vor allem funktionierte die Grundversorgung weiter, was das Vertrauen in die staatlichen Maßnahmen stärkte. Andernfalls wäre es sicherlich häufiger zu aggressivem und antisozialem Verhalten und zu Plünderungen gekommen. Schmerzlich vermisst wurden ausreichende Lagerbestände an Schutzausrüstung für medizinisches und pflegerisches Personal, aber auch Masken für die Bevölkerung. Auch fiel negativ auf, dass die Produktion vieler Medikamente in den vergangenen Jahrzehnten nach Übersee ausgelagert worden ist und Lieferketten zu labil geworden sind. Aus diesen Überlegungen leiten Sie dann ab, inwieweit Sie Hilfe durch die Behörden erwarten und abwarten können oder ob Sie in Ihrer Situation mangels Unterstützung durch den Staat selbst handeln müssen. Interessanterweise steckt im Wort „Krise" gleich ein Ratschlag mit drin. Denn sein griechischer Ursprung „krisis" bedeutet Entscheidung, entscheidende Wendung – es ist eine Zeit, in der es um eine Entscheidung geht. Also keinesfalls eine Zeit dafür, den Kopf in den Sand zu stecken.

Eine weltweite Seuche gehört in die Kategorie Gesundheitskrise. Nun ist es auch einfach, sich weiter vorzubereiten. Informieren Sie sich eingehend über mögliche Infektionswege und Symptome. Ein Zusammenbruch der Lebensmittelversorgung ist in der aktuellen Pandemie in Deutschland nicht zu erwarten, wie die bisherige Erfahrung lehrt. Wir müssen nicht auf einen Schlag riesige Vorräte für alle Haushaltsangehörigen anhäufen, sondern können uns auf medizinische Vorsorge konzentrieren. Wir können nach und nach für eine eventuelle vierzehntägige Quarantäne einkaufen. Das Gute ist, dass eine Pandemie nicht wie ein Blitz eintritt, sondern uns etwas Zeit zur Vorbereitung lässt. Stellen Sie sich die medizinischen und die praktischen Fragen:

- Was mache ich, wenn ich an Corona erkranke? Oder jemand aus meinem Umfeld?
- Bin ich auf eine Quarantäne vorbereitet?
- Habe ich alle Notfallnummern parat? Notieren Sie übersichtlich und gut erreichbar Anschriften und Telefonnummern Ihrer Ärzte, Notfallnummern.
- Wie komme ich am schnellsten ins Krankenhaus?
- Sollte ich eine Grippeschutzimpfung machen lassen? Ist mein Impfpass in Ordnung?
- War ich bei der Zahnkontrolle und der professionellen Zahnreinigung?
- Habe ich die in meinem Alter empfohlenen Check-ups machen lassen?
- Was muss in meine Notfalltasche fürs Krankenhaus?
- Habe ich die Versorgung meiner Tiere organisiert?
- Habe ich eine Notfalldose mit meinen medizinischen Daten wie empfohlen im Kühlschrank platziert und einen entsprechenden Aufkleber an der Wohnungstür angebracht?
- Sind meine Erste-Hilfe-Kenntnisse noch frisch?
- Habe ich fiebersenkende Medikamente?
- Ist meine Hausapotheke up to date?
- Habe ich meine Spezialmedizin in ausreichender Menge?

Schreiben Sie Ihre Patientenverfügung, packen Sie sich eine Notfalltasche. Einzelheiten finden Sie bei den *Fragen 91-102* und in den *Checklisten* im *Anhang*. Zur Analyse der wirtschaftlichen Krise im Gefolge von Corona finden Sie besonders bei *Frage 103* Hinweise.

84. Wie kann ich mich vor Corona-Betrug schützen?

Die Pandemie wird leider auch von Wichtigtuern und Kriminellen ausgenutzt. Deutsche Unternehmen sind seit März 2020 häufiger Cyberangriffen ausgesetzt, Behörden werden mit Scheinfirmen um Rettungshilfen gebeten, aus Krankenhäusern und Schulen werden Desinfektionsmittel gestohlen, Verbraucher fallen auf Falschmeldungen herein. Den besten Schutz davor bieten seriöse Informationen (s. *Frage 85*) und die Kenntnis der Maschen. Die Liste dessen, was bereits an spezieller Kriminalität vorkommt, ist lang. Passen Sie bitte auf in diesen Fällen:

- Fake-Shops, die im Internet z.B. Masken und Desinfektionsmittel nur gegen Vorkasse anbieten
- Fake-Internetseiten für z.B. Unternehmer, die Corona-Hilfen beantragen wollen, aber dort nur ihre Daten preisgeben sollen
- unseriöse Verkäufer, die verdächtig günstig angebotene Medikamente panschen
- angebliche Wunderheiler oder Vertreter, die eine Corona-Medizin anbieten
- unbekannte freiwillige Helfern, die ohne Anmeldung bei Ihnen an der Haustür klingeln und Einlass begehren
- angebliche Polizisten oder Mitarbeiter des Gesundheitsamtes, die für „Amtshandlungen" oder Tests Geld verlangen
- angebliche Handwerker, die Ihre Wohnung überprüfen oder desinfizieren wollen
- Bettler, die nach Geld für Medikamente oder teure Behandlungen fragen

- Phishing-Mails an Ihre E-Mail-Adresse (immer nur Anhänge aus E-Mails von bekannten Absendern öffnen)
- Anrufer, die nach familiären und finanziellen Verhältnissen fragen (bei Verdacht 110 anrufen)
- Anrufer, die sich bei Senioren als Corona-kranke und unterstützungsbedürftige Enkel ausgeben (am Telefon immer den Namen und etwas Privates abfragen, nichts über familiäre und finanzielle Verhältnisse preisgeben)
- Fake-News über angebliche Verschwörungen oder bevorstehende drastische Maßnahmen

Falschmeldungen waren zum Beispiel die angebliche Schließung einer großen Lebensmittelkette am nächsten Tag, die angebliche Kappung von Telefonaten über 15 Minuten wegen der Pandemie, angeblich gegen Corona helfende Hausmittel wie Alkohol o.ä. Solche Fake-News könnten geschäftsschädigend wirken, Panik auslösen oder gesundheitsgefährdend sein (man denke an den Amerikaner, der eine Aussage von US-Präsident Donald Trump über mögliche Corona-Medizin falsch verstand und nach dem Trinken von Aquarienreiniger starb). Warum aber setzt jemand wilde Behauptungen in die Welt? Infrage käme ein wirtschaftliches Interesse: einem Konkurrenten zu schaden. Oder ein politisches Interesse, die Regierung zu diskreditieren. Oder Geltungsbedürfnis, sich mit überraschenden Informationen interessant zu machen. Oder Lust, anderen Menschen Angst einzujagen. Vielleicht lügt jemand, um mehr Klicks von Internetnutzern zu erzielen. Auch ein ausländischer Geheimdienst könnte etwas lancieren, um destabilisierend zu wirken. Das mögliche Motiv kennen Sie als Adressat natürlich nicht. Aber solche Falschmeldungen verbreiten sich gerade in sozialen Medien sehr schnell ungeprüft weiter. Schätzen Sie bitte die Glaubwürdigkeit ein. Wird eine Zeitung oder ein Radiosender als Quelle genannt, müssten Sie die Information auch auf deren Homepage

finden und im Wortlaut nachlesen können. Wenn Zweifel angebracht sind, teilen Sie die Nachricht bitte nicht. Fake-News lassen
sich nur stoppen, indem man sie nicht weitergibt.

Im Frühjahr 2020 gab es tatsächlich Prügeleien um das letzte Klopapier in Supermärkten. Ein Täter schlug eine Autoscheibe ein, um
an Toilettenpapier zu gelangen. Im April 2020 hatte die Bundespolizei Hinweise auf die Entstehung eines Schwarzmarktes für Schutzausrüstung. Natürlich wurde auch versucht, die Corona-Auflagen
zu umgehen. Im bayrischen Kreis Miltenberg entdeckte die Polizei
im selben Monat gleich zwei illegale Friseurgeschäfte in den Kellern
von Wohnhäusern – aufmerksame Nachbarn hatten sie gemeldet.
Plünderungen aber unterblieben, und die große Mehrheit verheilt
sich solidarisch und versuchte, die Auswirkungen der Krise durch
gegenseitige Unterstützung zu mildern. Positiv auch: Zur Zeit der
Beschränkungen gab es weniger Gewaltdelikte in der Öffentlichkeit,
weniger Einbrüche, Diebstähle und Verkehrsdelikte.

85. Wie komme ich an seriöse Informationen heran?

Wer nur einmal am Tag Fernsehnachrichten guckt, womöglich noch
bei einem Privatsender, wird kaum alle Informationen erhalten, die
man in Krisenzeiten braucht. Die *ARD*-Tagesschau und – noch ein
wenig ausführlicher – das *ZDF*-heutejournal sollten in einer sich zu-
spitzenden Situation täglich verfolgt werden, dazu regionale Maga-
zine und seriöse Sondersendungen zur aktuellen Thematik, in diesem Fall bevorzugt des öffentlich-rechtlichen Rundfunks. Dazu
sollten Sie tagsüber länger das Radio laufen lassen, um aktuelle
Nachrichten und Schlagzeilen aufzuschnappen. Der Sender sollte
auf Ihr Bundesland spezialisiert sein. Achten Sie auf Sonderbeiträge.
Morgens sollten Sie gerade in kritischen Zeiten immer eine regionale
Tageszeitung lesen. Sie erhalten dort ausführlichere politische Informationen als in Radio- und Fernsehnachrichten und können entscheidende Wortlaute nachlesen. Vor allem werden die Journalisten

Ihrer Heimatzeitung Ereignisse und politische Beschlüsse auf ihre Auswirkungen auf Ihre Region abklopfen. In der Corona-Krise haben wir gesehen, dass die Kreise bei der Gesundheitspolitik eine große Rolle spielen, also das Gesundheitsamt des einen Kreises andere Infektionsschutzmaßnahmen treffen kann als die des Nachbarkreises. Die regionale Tageszeitung wird darüber berichten und zusätzlich im Anzeigenteil die amtlichen Bekanntmachungen abdrucken.

Regierungsbeschlüsse können Sie auf der Homepage des zuständigen Ministeriums nachlesen, wenn auch mitunter erst mit einem Tag Verspätung. Behalten Sie auch die Seite Ihrer Landesregierung im Auge. Daneben sollten Sie bei weitergehendem Interesse vielleicht Einrichtungen anklicken, die sich mit dem Krisenthema befassen, Netzadressen finden Sie im *Anhang*. Die überregionalen Zeitungen bieten auf ihren Netzseiten viele sorgfältig recherchierte und aktuelle Hintergründe zur Corona-Krise. Wenn Sie eine Nachricht hören, die Sie persönlich betrifft, sollten Sie auch diese Quelle nutzen.

In medizinischen Fragen halten Sie sich an Ihren Hausarzt oder Ihr Gesundheitsamt. Auch bei Youtube werden sich Wissenschaftler auslassen, aber unterschiedliche Meinungen vertreten. Das geflügelte Wort dazu: zwei Forscher, drei Meinungen. Das kennt man schon. Lassen Sie sich hiervon nicht verwirren. Überlegen Sie: Was haben wir für eine Regierung? Beispiel Corona: Die Regierung Merkel ist wirtschaftsfreundlich, vor allem industriefreundlich. Sie würde einen Shutdown nicht länger verfügen als gesundheitlich notwendig. In dem Fall sollten Sie also nicht unbesehen Forschern oder Lobbyisten folgen, die eine frühere Lockerung der Ausgangs- und Kontaktbeschränkungen fordern. Umgekehrt sind Panik verbreitende Fachleute nicht zwangsläufig die besten. Es ist zwar richtig, dass warnende Stimmen oft erst auf drohende Krisensituationen hinweisen und die Behörden zum Handeln zwingen. Aber Einige neigen gerade in den sozialen Medien dazu, sich mit Katastrophenmeldungen hervorzutun und Klicks zu generieren. Lohnend kann es sein, bei Spitzenpolitikern, die immerhin Expertenrat aus erster Hand erhalten, auf das zu achten, was zwischen den Zeilen steht. Wenn ein sonst besonnener Gesundheitsminister wie Jens Spahn drastische Worte nutzt etwa bei der Schutzausrüstung, dann sollte man da aufhorchen. Umgekehrt ist bei manchen Beruhigungspillen Vorsicht angebracht, weil sie zum Standardrepertoire der Regierenden gehören. Um keine Unruhe in der Bevölkerung aufkommen zu lassen, werden drohende Gefahren mitunter kleingeredet. Heftige Corona-Maßnahmen sind anfangs immer nur für die nächsten 14 Tage angekündigt worden, um Proteste gering zu halten – dabei war jedem Beteiligten bewusst, dass sie viel länger nötig sein würden.

86. Was gibt es für Corona-Apps?

● „Corona Warn App"
   Im Auftrag des Bundes entwickelten SAP und Deutsche Telekom die Anwendung zum Stopp von Corona. Ihre Nutzung soll auf freiwilliger Nutzung erfolgen. Das Potential von Tracking-Apps ist laut Bundesregierung nicht zu unterschätzen, denn die Apps können die Zahl der Neuinfektionen entscheidend reduzieren. Sie werde gerade in der Zeit gelockerter Corona-Schutzmaßnahmen gebraucht, wenn viele wieder Restaurants besuchen oder auf Reisen gehen. Je mehr Smartphone-Nutzer die App installieren, desto vollständiger können die Kontaktpersonen einer positiv getesteten Person ausfindig gemacht werden. Das System soll schnell und anonym einen Hinweis an Nutzer schicken, wenn sie sich länger in der Nähe eines Infizierten aufgehalten haben. Bislang ermitteln Mitarbeiter der Gesundheitsämter möglichst alle Kontaktpersonen, basierend auf dem Erinnerungsvermögen der infizierten Person. Das bisherige Verfahren gilt im Vergleich zur App als fehleranfälliger und kann im Zweifel nicht alle angesteckten Personen ausfindig machen. Die deutsche Corona-Warn-App soll in der zweiten Junihälfte 2020 zum Download auch über die deutschen Grenzen in anderen europäischen

Staaten verfügbar sein. Die Standortdaten werden via Bluetooth registriert, aber nicht an staatliche Institutionen weitergegeben und nicht zentral gespeichert, um die Vorgaben des Datenschutzes nicht zu verletzen. Außerdem werden nur die epidemiologischen Kontakte der letzten drei Wochen anonymisiert auf dem mobilen Endgerät gespeichert. Der Speichervorgang erfolgt ohne Erfassung des Bewegungsprofils. Um die Vorzüge des „contact tracing" nutzbar zu machen, ist es von entscheidender Bedeutung, dass möglichst viele Smartphone-Nutzer Apps wie diese installieren. Damit kein Flickenteppich von nicht kompatiblen Systemen entsteht, sollen Europas App-Entwickler dem Architekturprogramm des „Pan-European Privacy-Preserving Proximity Tracing" folgen.

- Datenspende-App des RKI:

Auch empfiehlt sich ergänzend die App „Corona-Datenspende" des RKI, die Daten von Fitness-Armbändern und Computeruhren wie der Smartwatch nutzt, um die Ausbreitungsmechanismen des Coronavirus eingehend zu erforschen. Die App ist sowohl für Android-Smartphones als auch für iPhones von Apple verfügbar. Auch die Nutzung dieser App ist freiwilliger Natur. Fitness-Armbänder sind aus dem Grund interessant für die Forschung, da sie Auskunft über den Ruhepuls, das Schlafverhalten und das Aktivitätsniveau der Nutzer geben. Diese Vitalzeichen verändern sich bei erkrankten Personen meistens stark. Die Forscher hoffen, so die Infektionsschwerpunkte besser nachvollziehen zu können. Bei der Influenza sind mit dem System schon Erfahrungen gesammelt worden. Zu keinem Zeitpunkt gibt der Nutzer persönliche personenbezogene Daten preis, für die Verwertung der Daten sind lediglich Postleitzahl, Geschlecht, Alter und grobe Schätzung von Größe und Gewicht bei Erstinstallation zu hinterlegen. Diese App erhebt keine Ortungs- oder Standortdaten und dient nicht der Nachverfolgung und dem Warnen von möglichen Kontaktpersonen. Weiterführende Informationen unter: *https://corona-datenspende.de/*

87. Welches sind die verbreitetsten Warn-Apps für das Smartphone?

• Seit 9. April 2020 stellt das Bundesamt für Bevölkerungsschutz und Katastrophenhilfe mit Sitz in Bonn die neue Version 3.0 der Notfall-Informations- und Nachrichten-Anwendung NINA zur Verfügung. Bürger erhalten über die barrierefreie Warn- und Informations-App „geographisch genauere Warnungen, verbesserte Darstellungen und nutzeroptimierte Informationsmeldungen". Nutzer den Standort, für den sie Informationen und Warnungen erhalten wollen, geografisch auf eine Gemeinde oder sogar einen Umkreis von neun oder einem Quadratkilometer eingrenzen. Wie bisher können auch Warnungen für gesamte Landkreise abonniert werden. Zudem wurde in der Version für Android-Systeme eine Tab-Bar eingeführt. Geplant ist auch eine unmittelbare Information über das Corona-Geschehen (unter dem Navigationspunkt Notfalltipps; Link zu App-Stores im Internet: *www.bbk.bund.de*). Am häuslichen PC können Sie aktuelle Warnmeldungen verfolgen unter *https://warnung.bund.de/meldungen*
Daneben sind gängige Apps:
• KATWARN des Fraunhofer-Instituts (nur in den Bundesländern Berlin, Hamburg, Hessen, Rheinland-Pfalz und Saarland; *www.katwarn.de*) und
• BIWAPP der Marktplatz-GmbH (Bürger-Info- und Warn-App; ebenfalls nicht flächendeckend; *www.biwapp.de*)
In alle drei Apps fließen die aktuellen Wetterwarnungen vom Deutschen Wetterdienst (WarnWetterApp; Infos zum Angebot *www.dwd.de/DE/leistungen/warnwetterapp/warnwetterapp.html*)
Im Katastrophenfall werden die Behörden auch auf anderen Wegen versuchen, die betroffene Bevölkerung gezielt zu warnen: über Sirenen, Lautsprecherdurchsagen oder Rundfunkmeldungen schnell und wirksam zu warnen.

Persönliche Notfallvorsorge

88. Brauche ich eine Krisengrundausrüstung?

Aufgrund der aktuellen Pandemie so, wie sie sich darstellt, müssen Sie weder einen Wasserfilter noch ein Notstromaggregat kaufen. Grundversorgung, Strom, Wasser und Telekommunikation sind ganz offensichtlich in der Bundesrepublik durch die Gesundheitskrise nicht ernsthaft bedroht. Selbst wenn eine zweite Infektionswelle durch Deutschland rauschen sollte, hat sich doch gezeigt, dass regelmäßige Einkäufe von Lebensmitteln auf jeden Fall möglich bleiben. Sie könnten sich zwar im Supermarkt, im Campinghandel und Outdoor-Shop die wichtigsten Bestandteile eines Krisenvorsorgepakets zusammenkaufen, brauchen es aber nicht aktuell zu tun. Der Sachbuchautor Gerhard Spannbauer hat vor Jahren einmal eine Liste von 30 Dingen zusammengestellt, „die man in einer Krise kaum noch bekommen kann". Er lag im Frühjahr 2020 immerhin richtig mit Toilettenpapier, Babywindeln und Hygieneartikeln wie Handwaschmitteln, Seife und Desinfektion. Auch wir können uns auf wenige Bereiche einer Notausstattung fürs Zuhause beschränken: den gesundheitlichen Bereich und die Lebensmittelbevorratung. Ihre Notfalltasche wird kein schwerer, unhandlicher Bug-Out-Bag sein mit Schlafsack und Isomatte, sondern im wesentlichen Dokumente und Kleidung für einen etwaigen Krankenhausaufenthalt griffbereit halten.

89. Soll ich mein Geld abheben?

Die Versorgung mit Bargeld ist in den vergangenen Jahren für viele Bankkunden schwieriger geworden. Barzahlungen werden sukzessive minimiert. Durch abgesenkte Limits oder die Schließung der Bargeldkassen in vielen Filialen können größere Beträge zum Beispiel für einen Gebrauchtwagenkauf oft nur über Tage oder Wochen zusammengetragen werden. Die Bank muss eine Abhebung ab 10 000 Euro nach dem Geldwäschegesetz protokollieren. Der An- und Verkauf von Gold und Silber ist schon ab 2000 Euro weiterzumelden. In der Corona-Krise haben zudem Hunderte kleinere Filialen ihre Schalter geschlossen und bieten eine persönliche Beratung nur noch nach telefonischer Anmeldung an. Der in der Finanzkrise vielfach befürchtete Bankenrun wäre heute in der Form kaum mehr möglich. Auch ist es technisch ein Leichtes, die Auszahlungssummen an den Geldautomaten zu limitieren. Würden dann noch die Banken geschlossen, kämen Kunden gar nicht mehr an größere Barbeträge oder an die Wertsachen in ihrem Schließfach heran. Es ist also grundsätzlich nicht verkehrt, sich Bargeld für einige Tage oder Wochen zurückzulegen. Auch wenn Banken als kritische Infrastruktur am Laufen gehalten werden und die Corona-Krise nicht die Bargeldversorgung direkt betrifft.

90. Wieviel Reservebenzin darf man horten?

Tankstellen gehören, wie die wenigen in Deutschland verbliebenen Raffinerien, zu den kritischen Infrastrukturen. Warentransporte zu den Supermärkten müssen mit Benzin und Diesel ebenso sichergestellt werden wie die Einsatzbereitschaft der Fahrzeuge von Polizei, Feuerwehr und Rettungsdiensten – und die Erreichbarkeit etwa der Kliniken für Krankenhauspersonal. Schon aus diesem Grund wird es immer Tankstellen geben, die selbst bei Stromausfall weiterbetrieben werden, dann mit Notstromaggregat. Eine Rationierung von Kraftstoff oder eine Schließung von Tankstellen für den Kundenverkehr ist bei einer Pandemie nicht zu erwarten. Beim Tanken sollten allerdings die ausgelegten Dieselhandschuhe benutzt werden, die Ihre Haut auch vor Infektionen schützen.

In Italien schlossen am 25. März – nur einen Tag im Voraus angekündigt – die Autobahntankstellen. Weitere Zapfstellen folgten, um die Gesundheit der Mitarbeiter nicht zu gefährden. In Deutschland tankten nun viele ihre Reservekanister auf, aber die Versorgung mit Benzin und Diesel funktioniert reibungslos. Wer auf Nummer sicher gehen will, kann sich einfach angewöhnen, immer schon bei halbvollem Tank vollzutanken. Reservekanister wären auch eine Idee, doch darf der Kraftstoff nicht zu lange gestanden haben, um den Motor nicht zu schädigen. Benzin im Kunststoffbehälter ist etwa ein halbes Jahr haltbar, doch Kunststoff ist nicht gasdicht, und es werden Weichmacher herausgelöst. Um gesundheitsschädliche Ausdünstungen in der Garage zu vermeiden, sind Blechkanister mit Deckel und Dichtung besser geeignet. Diesel mit der üblichen Beimischung von Biodiesel sollte in jedem Fall nach einem halben Jahr Lagerdauer verbraucht werden. In Kleingaragen dürfen höchstens 20 Liter Benzin oder bis zu 200 Liter Dieselkraftstoff gelagert werden. Im Auto dürfen maximal 60 Liter Kraftstoff mitgeführt werden in Behältern der DIN-Norm 7274 oder 16904. Weil Dämpfe entweichen und Kanister bei Sommerhitze aufblähen und platzen können, ist dies immer ein Risiko – von der Gefahr bei einem Unfall ganz abgesehen.

91. Was gehört zur Erste-Hilfe-Ausrüstung?

Corona ist zunächst einmal eine medizinische Krise. Deshalb müssen Sie bei der Vorbeugung vor allem gesundheitliche Aspekte im Auge haben. Wenn Sie stärker aufs Zuhause beschränkt sind und vielleicht auch ungewohnte Tätigkeiten ausüben, ist ihre Verletzungsgefahr höher. Sie könnten sich in der Quarantäne mit einem Küchenmesser schneiden oder vom Tritt fallen oder sich bei der Gartenarbeit am Auge verletzen. Gerade wenn Sie in der Quarantäne zunächst einmal auf sich allein gestellt sind, sollte Ihre Erste-Hilfe-Ausrüstung komplett sein. Ihr Medizinschrank sollte an einem kühlen, trockenen und lichtgeschützten Ort hängen wie Schlafzimmer oder Nebenflur. Der Inhalt sollte mindestens jährlich auf Haltbarkeit und Vollständigkeit überprüft werden. Bringen Sie auf dem Schrank Notfallnummern an und die Anschrift Ihres Hausarztes und Ihrer Apotheke an. Ihre Notfalldose gehört, damit Rettungskräfte sie schnell finden, in den Kühlschrank – an die Haustür gehört dazu ein Hinweisaufkleber. Die einzelnen Bestandteile einer Hausapotheke finden Sie im *Anhang* in der *Checkliste 3*: *Hausapotheke*.

Traubenzucker und Salz (für eine Lösung) nehmen kaum Platz weg, sind aber für den Flüssigkeitshaushalt bei Durchfall oder auch nach Erbrechen eine große Hilfe. Eine Trinklösung nach Empfehlung der WHO ist schnell zubereitet:

● Auf 1 Liter Mineralwasser kommen eine Tasse Orangensaft (oder ersatzweise zwei Bananen dazu essen), 4 Teelöffel Zucker und ein ¾ Teelöffel Kochsalz.

Wer 75 Kilo wiegt, sollte davon 2-3 Liter an dem Tag trinken, wenn er dehydriert ist. Alternativ Früchte- oder Kräutertee, jeweils frisch zubereitet. In Apotheken bekommen Sie ersatzweise fertige Elektrolytmischungen in Pulverform zur Herstellung einer Lösung.

Gerade ältere Menschen sollten immer ein Telefon und eine gefüllte Wasserflasche in der Nähe haben. Halten Sie Ihr Mobiltelefon in Ordnung.

92. Welche Dokumente sind wichtig?

Wir lassen uns wieder leiten von der Erkenntnis, dass eine gesundheitliche Bedrohung vorliegt und behandeln diese Aspekte der persönlichen Notvorsorge hier noch vor der Lebensmittelbevorratung und Krisenausrüstung.

Listen Sie in Ihrem Telefonverzeichnis oder auf einem extra Blatt Papier an exponierter Stelle alle wichtigen Telefonnummern für den Notfall auf, ggf. für Angehörige und Rettungskräfte auch die Anschriften. Zu den Notfallkontakten zählen:

● Polizei 110
● Krankenwagen/Rettungsdienst/Feuerwehr 112

- Giftnotruf
- Hausarzt
- Ärztlicher Notdienst 116 117
- Zahnärztliche Notfallbereitschaft (Wochenende)
- Apotheken-Notdienst
  - Ansprechpartner vor Ort
  - Ansprechpartner auf Reisen/in Hotel, Pension oder Zweitwohnung
- Nächster Angehöriger
  - Arbeitgeber
  - Vermieter
  - Nachbarn
  - Behörden 115 (in zahlreichen Regionen Deutschlands erreichbar werktags 8-18 Uhr als erste Anlaufstelle für Verwaltungsfragen aller Art)
  - Gasversorger
  - Stromversorger
  - Wasserversorger
  - Andere...

Bei COVID-19 kann bei schwerer Erkrankung eine künstliche Beatmung notwendig werden. Verfassen Sie sicherheitshalber eine Patientenverfügung bzw. überprüfen Sie, ob Ihre Patientenverfügung noch Ihrem aktuellen Wunsch entspricht. Sie können sie jederzeit anpassen, auch ohne Notar. Wer grundsätzlich eine künstliche Beatmung ablehnt, aber bei COVID-19 doch die lebensverlängernde Maßnahme will, kann dies ausdrücklich hineinschreiben. Sie könnten ebenso zum Beispiel betonen, dass Ihre Ablehnung einer künstlichen Beatmung auch für die Erkrankung an COVID-19 gelten soll.

Weitere wichtige Unterlagen s. *Anhang* in *Checkliste 4: Dokumente*. Ordnen Sie Ihre wichtigsten Unterlagen zweckmäßig in einem farbig markierten Aktenordner oder legen Sie eine stets griffbereite Dokumentenmappe an. Scans davon zur digitalen Sicherung sollten Sie nicht nur auf Ihrer Computer-Festplatte haben, sondern auch auf einem Speichermedium an einem anderen Ort.

93. Wie ordne ich meine Angelegenheiten?

Gehören Sie zu einer Risikogruppe, sollten Sie dem Thema nicht aus dem Weg gehen. Falls es schlimm wird: Habe ich meine Angelegenheiten geordnet? Wenn Sie die notwendigen Dokumente (s. *Frage 92*) zusammengetragen haben, sollten Sie auch Ihr Testament hinzufügen. Formulare und Hilfestellung bieten Vorsorgemappen, die Sie im Buchhandel erhalten. Ist testamentarisch viel zu regeln mit einer größeren Anzahl Erben, empfiehlt sich die Aufsetzung bei einem Notar und gerichtliche Aufbewahrung. Ein privates handschriftliches Testament können Sie jederzeit ändern (dabei neu datieren!). Ein notarielles Testament können Sie jederzeit aus der amtlichen Verwahrung wieder zurücknehmen, es wird dann unwirksam. Darüber hinaus sollten Sie, falls noch nicht geschehen, persönlich mit ihren Angehörigen sprechen über Ihre Wünsche, falls Ihnen etwas zustoßen sollte. Zum Ordnen der Angelegenheiten könnte es auch gehören, Angehörige über Bankkonten und ein Schließfach aufzuklären, noch einen leidigen Streit beizulegen oder sich einen kleinen Traum zu erfüllen. Was Sterbende am häufigsten bedauern, sind übrigens vernachlässigte Kontakte zu ihren Lieben.

94. Was gehört in die Krankenhaustasche?

Spätestens wenn sich bei Ihnen Symptome zeigen, sollten Sie eine Notfalltasche für das Krankenhaus packen. Dort gehören auch Ihre gesammelten Gesundheitsdokumente hinein und die übrigen Dinge der im *Anhang* befindlichen *Checkliste 5: Krankenhaustasche*.

95. Wie stärke ich meine Abwehrkräfte?

Härten Sie sich ab, so geben Sie Viren keine Chance, Sie in die Knie zu zwingen und begünstigen einen leichteren Verlauf der Krankheit. Bauen Sie Ihr Immunsystem durch ausgedehnte Spaziergänge auch bei Schlechtwetter auf. Treiben Sie ein wenig Ausdauersport. Eine trainierte Arm- und Schultermuskulatur und ein gut gedehntes Zwerchfell helfen Ihrer Lunge. Vor allem Bewegung an der frischen Luft tut ihr gut und beugt einer schweren Atemwegserkrankung vor. Sie können auch Ihren Organismus durch eine kühlere Dusche auf Touren bringen. Fordern, aber überfordern Sie Ihren Körper nicht, sonst kann körperliche Fitness in Müdigkeit und in ein schwaches Immunsystem umschlagen. Vermeiden Sie Schlafmangel und Stress, beides macht Sie anfällig für Infekte.

Neben Aufgaben für Körper und Geist ist auch die Ernährung ein wichtiger Grundstein für gute Abwehrkräfte. Nährstoffe sind die Nahrungsgrundlage für Abwehrzellen, weshalb eine ausgewogene Ernährung unerlässlich ist. Als besonders wirksam gelten Lebensmittel wie Brokkoli, Heidelbeeren und andere dunkle Beeren, Kohlgemüse, Knoblauch, Zitrus- und Nussfrüchte Karotten und Tomaten.

Auch die Versorgung mit Vitamin D ist essentiell, denn ein Mangel würde die Immunzellen aktiv schwächen. In den Sommermonaten wird Vitamin D auf natürlichem Weg produziert, wenn wir täglich 20 Minuten „Sonne tanken" (Lichtschutzfaktor 10 würde den Mindestsonnenkontakt auf 200 Minuten erhöhen). In der Regel kommt es in den Wintermonaten zu einer Vitamin-D-Unterversorgung, die Erkältungskrankheiten begünstigt. Lässt sich der Vitamin-D-Bedarf nicht über die Nahrung decken, dann lassen sich mit ärztlicher Absprache Vitamin-D-Präparate einnehmen (in der Regel 1000 Einheiten pro Tag). Neben Vitamin D steuert auch das Spurenelement Zink diverse Abwehrreaktionen. Stellen Sie sicher, dass Sie pro Tag mindestens 7 bzw. 10 Milligramm Zink zu sich nehmen, um Ihre Infektanfälligkeit effektiv zu senken. Übergangsweise können auch hier Präparate Abhilfe schaffen, sprechen Sie dafür mit dem Arzt Ihres Vertrauens.

Positive Wirkung kann auch von Probiotika wie Joghurt, Kefir oder Sauerkraut ausgehen, denn 70 bis 80 Prozent der Immunzellen sind im Darm lokalisiert. Probiotika vermögen sogar die Immunantwort bei einer Impfung zu verbessern und den Schutz so indirekt zu erhöhen. Sorgen Sie für einen ausgewogenen Flüssigkeitshaushalt, denn trockene Schleimhäute stellen Einfallstore für Infekte dar. Vor allem dunkle Fruchtsäfte und grüner Tee versorgen Sie neben Flüssigkeit mit wichtigen Abwehrstoffen.

96. Empfiehlt sich eine Grippeschutzimpfung?

Ein umfassender Impfschutz ergibt Sinn, um vor Infektionen zu schützen, die in der Pandemie ein zusätzliches Risiko sein können. Die Gesundheitsbehörden mehrerer Länder empfehlen ausdrücklich generell eine Grippeschutzimpfung. Natürlich kann diese nur vor einer Erkrankung durch Grippeviren Schutz bieten. Sie schützt auch nur vor jenen Erregern, die ein Gremium aus Fachleuten Monate zuvor als die hauptsächlich problematischen Virentypen der kommenden Saison identifiziert hat. Man kann trotz Impfung in selteneren Fällen eine Grippe bekommen, wenn das Immunsystem nicht ausreichend darauf reagiert hat oder wenn Sie in Berührung mit einer anderen Variante von Erregern bekommen sind. Letztlich können auch Bakterien Grippe-Symptome auslösen. Krankheitszeichen trotz Impfung lassen also nicht den Schluss zu, dass es sich um COVID-19 handeln müsse.

97. Wann hamstern Menschen?

Gerade vor langen Wochenenden und Feiertagen kaufen viele Verbraucher ohnehin ein, als würde es nie wieder etwas geben. Je näher die Pandemie rückte, desto stärker wurde der Hamster-Instinkt. Es gab leere Kaufhausregale. Solch einen bundesweiten Ausverkauf hatte es im schnee- und frostreichen Januar und Februar 2010 schon einmal gegeben: Um den Bürgersteig und ihre Grundstücksauffahrt zu sichern, kauften die Leute Streusalz, Sand und Schneeschippen und dann sogar Speisesalz restlos auf. Als das Robert-Koch-Institut im Mai 2011 erstmals über möglicherweise durch den Verzehr von frischem Obst und Gemüse ausgelöste EHEC-Infektionen berichtete, stiegen etliche Kunden bereits am nächsten Tag auf konservierte oder tiefgekühlte Obst- und Gemüseartikel um. Die Konsumenten reagieren also durchaus schnell. Davor war es bei der Schneekatastrophe im Januar und Februar 1979 zu flächendeckenden Versorgungsengpässen in Norddeutschland gekommen, aber nicht wegen Hamsterkäufen, sondern weil die Straßen nicht befahrbar waren.

98. Was haben die Menschen gehamstert?

Die Briten kauften Reis, Mehl, Brot, Kekse und Speiseöle leer. Die Spanier Toilettenpapier, Oliven, Anchovis, Wein, Chips und Schokolade. Die Franzosen Wein und Kondome. Die Deutschen Nudeln und Klopapier. Der deutsch-französische Vergleich war ein Bonmot, das sich kaum ein Kabarettist entgehen ließ. Doch so dumm war die deutsche Reaktion gar nicht. Vermehrter Alkoholkonsum stärkt nicht gerade die Abwehrkräfte, und beim Sex kann Corona sogar direkt übertragen werden. Die Deutschen bevorrateten sich dagegen mit Lebensmitteln und Hygieneartikeln, worin sich wieder einmal ihr sprichwörtlicher Hang zur Sicherheit zeigte. Die Sorgen, dass die Waren ausgehen oder man irgendwann nicht mehr das Haus verlassen dürfe, erwiesen sich freilich als unbegründet.

In der letzten Februarwoche 2020 ging es los. Die Nachfrage nach Hand-Desinfektionsmitteln stieg schlagartig um mehr als 500 Prozent, in der ersten Märzwoche war sie sogar um 750 Prozent erhöht. Bei Mehl, Reis, Nudeln, Seife und Toilettenpapier verdoppelten sich die Verkaufszahlen in Deutschland, so die Gesellschaft für Konsumforschung. Gefühlt waren außerdem Obst und Gemüse, Konserven, Milch, Butter, Eier, Wasser, Brot und Küchenpapier extrem begehrt, manchenorts sogar Kerzen. Am 9. März 2020 bot Aldi als Sonderangebot Desinfektionsspray, Handgel und Desinfektionstücher an. Obwohl der Discounter pro Kunde nur zwei Verpackungen abgab, wurden die Filialen regelrecht gestürmt, und das Angebot war in teils weniger als zehn Minuten ausverkauft. Für die dritte Märzwoche, in der die Schließung der meisten Geschäfte vereinbart und vollzogen wurde, ermittelte das Statistische Bundesamt stark erhöhte Nachfrage nach bestimmten Lebensmitteln (im Vergleich zum Mittel der sechs Monate von August bis Januar):

- Seife + 337 Prozent
- Toilettenpapier +211 Prozent
- Reis + 208 Prozent
- Tomatenpüree + 171 Prozent
- Zucker, Mehl und Teigwaren ca. + 100 Prozent

Die Nachfrage nach haltbaren Lebensmitteln wie Nudeln stieg im März 2020 in Deutschland sprunghaft an.

99. Was wird wirklich knapper?

Erst nach zwei bis drei chaotischen Wochen hat sich die Situation in Supermärkten und Drogerien seit Mitte März schrittweise entspannt, aber viele Märkte haben zunächst die Nachlieferungen rationiert und nur noch haushaltsübliche Mengen abgegeben. In einer Krise wächst vielleicht der kollektive Wunsch, sofort Toilettenpapier zu bunkern, nicht aber der Bedarf. Deshalb war es bei gleichmäßiger Produktion nur eine Frage der Zeit, bis in den Verkaufsregalen wieder mehr Rollen „liegenblieben" für den nächsten Kunden. Ein wichtiger Gedanke, um Angebot und Nachfrage bei Produkten einzuschätzen. Im April verzeichnet der Einzelhandel allerdings immer noch eine erhöhte Nachfrage nach Lebensmitteln. Ein wichtiger Grund ist schlicht, dass weniger Menschen in Restaurants, Kantinen, Gaststätten und Cafés gehen. Diese beziehen ihre Waren über den Großhandel. Die Endverbraucher aber kaufen nun im Einzelhandel mehr Nudeln und Reis, Limonade, Bier und Kaffee. Viele von ihnen sind im Homeoffice, es wird mehr zu Hause gekocht.

Leere Regale vorzufinden, sind wir nicht gewohnt. Auch wenn sich nun abzeichnet, dass in dieser Pandemie unsere Grundversorgung gesichert bleibt, sollte Rücksicht auf die Mitbürger genommen werden. Wenn Sie unseren Empfehlungen für die Bevorratung mit Lebensmitteln folgen möchten, kaufen Sie bitte nicht auf einen Schlag alles leer, sondern verteilen Sie Ihre Einkäufe auf mehrere Tage und Geschäfte. Damit jeder etwas bekommt.

Trotz der Schwierigkeiten, ausländische Erntehelfer zu bekommen: Die deutsche Landwirtschaft ist in der Lage geblieben, Obst und Gemüse zu produzieren. Die heimischen Erzeugnisse stehen in gewohnter Vielfalt zur Versorgung. Das Schließen der Grenzen führte beim Gütertransport nur zu vorübergehenden Verzögerungen. Da aber in stark von der Pandemie betroffenen Ländern Südeuropas weniger geerntet werden konnte und auch Lieferketten vom Personalausfall betroffen waren, kann es bei den nach Deutschland importierten Waren mal Versorgungslücken geben. Tomaten aus Italien, Orangen, Mangos, Avocados und Paprika könnten durchaus knapper und teurer werden.

Wer auf alle Eventualitäten gefasst sein will, wird sich für den Selbstversorgungsgrad Deutschlands interessieren, also das, was für den Eigenbedarf der Bevölkerung hinreichend im Land produziert wird. Er beträgt bei Fleisch 120 Prozent, Getreide 115 Prozent, Milch 100 Prozent, Eier 70 Prozent, Gemüse 40 Prozent und Obst 20 Prozent. Gerade bei Obst und Gemüse sind die Deutschen also auf Importe angewiesen. Wer in seinem Garten Obstbäume pflanzt und Beete anlegt, erhöht seine persönliche Krisenfestigkeit. Wer keinen Garten am Haus hat, kann oft günstig in der Nähe eine Parzelle in einer Kleingartenanlage pachten. Die Schrebergärten durften in der Pandemie zwar lange Zeit nicht zu rein touristischen Zwecken, also Urlaub oder Erholung, aufgesucht werden. Auch gemeinsame Arbeitsdienste waren in der Zeit der strengen Beschränkungen nicht zulässig. Aber der eigene Kleingarten durfte immer „zur notwendigen Bewirtschaftung" aufgesucht werden, und das ist das Entscheidende.

Die Corona-Krise hat außerdem die starke Abhängigkeit Deutschlands vom Ausland bei der Produktion von Medikamenten und medizinischer Schutzausrüstung wie Atemmasken gezeigt. Im

März wurde erwartet, dass aufgrund des zeitweisen chinesischen Produktionsstopps im Spätsommer in Deutschland bestimmte Schmerzmittel, Antibiotika und Herz-Kreislauf-Mittel knapp werden könnten. Wer diese Medikamente benötigt, sollte eventuell seinen Vorrat in Rücksprache mit dem Arzt aufstocken. Feinstaubmasken fehlten noch in der zweiten Maihälfte 2020 in den Baumärkten.

100. Wieviel Toilettenpapier brauche ich wirklich?

Der Durchschnittsverbrauch liegt bei 6 Rollen pro Monat. So betrachtet reichen drei für eine 14-tägige „Autarkie" oder eben für die Quarantäne aus. Allerdings: Wieviel Blatt auf einer Rolle sind, ist von Produkt zu Produkt ganz unterschiedlich. Bei einfachem können es 250 sein, bei besonders softem eventuell nur 100. Der Bedarf kann also jeweils nur für eine Sorte abgeschätzt werden. Weitere benötigte Hygieneartikel im *Anhang* in der *Checkliste 2: Hygiene*.

101. Wie bereite ich eine mögliche Quarantäne vor?

Bevor wir dazu kommen, was Sie an Vorräten im Haus haben sollten, folgen einige allgemeine Überlegungen:
• Wollen Sie einen Lieferdienst nutzen? Vielerorts besteht die Möglichkeit einer kontaktlosen Lieferung. So unterstützen Sie gleichzeitig die in der Krise schwer gebeutelte Gastronomie. Fragen Sie einer Auslieferung der Nahrungsmittel mit sicheren Temperaturen. Bei unter 5 °C und über 60 °C ist die Bakterienaktivität stark eingeschränkt – die Wohlfühltemperatur der meisten Keime liegt zwischen zirca 25 °C und 40 °C.
• Bitten Sie Freunde oder Nachbarn, für Sie einzukaufen oder Medikamente zu besorgen. In etlichen Orten Deutschlands ist eine Nachbarschaftshilfe organisiert. Wenn Sie dies nicht in Ihrer Zeitung finden, wird Ihr Bürgermeister einen Kontakt kennen.

- Sollten Sie einen Hund als Haustier haben, so bitten Sie Freunde oder Nachbarn, mit ihm für die Zeit der Quarantäne spazieren zu gehen. Katzenhaltern empfehlen die Gesundheitsämter, ihre Vierbeiner für die Dauer der Quarantäne möglichst nicht nach draußen zu lassen – auch, wenn diese normalerweise Freigänger sein sollten (vgl. *Frage 12*). Die Behörden bitten außerdem, Katzen aus häuslicher Isolation heraus nicht mit fremden Katzen in einer Pension unterzubringen.
- Nehmen Sie sich Sport vor. Auch in den eigenen vier Wänden lässt sich viel machen, etwa Übungen auf einem Stuhl oder auf dem Boden. Empfehlungen der WHO sehen 150 Minuten moderate Bewegung oder 75 Minuten Intensivbewegung pro Woche vor.
- Während der Quarantäne können Sie nicht zum Bäcker gehen. Notieren Sie sich ggf. ein Brotbackrezept.

102. Was für Vorräte brauche ich zu Hause?

Jeder sollte eine gewisse Menge an haltbaren Lebensmitteln zu Hause haben. Der Zivilschutz hat den Haushalten in Deutschland früher geraten, einen Vorrat für 14 Tage anzulegen, um einen etwaigen Versorgungsengpass zu überstehen. An diese behördliche Empfehlung haben sich nur wenige gehalten, so dass die Regel im Katastrophenschutz zunehmend als unrealistisch betrachtet wurde. Nach einer Befragung von 2013 waren 99 Prozent der Deutschen in der Lage, sich für 0-1 Tag versorgen zu können,
- für 2-3 Tage 88 Prozent
- für 4-5 Tage 67 Prozent
- für 6-7 Tage 38 Prozent
- für 8-9 Tage 44 Prozent
- für 10-11 Tage 31 Prozent
- für 12-14 Tage 17 Prozent
- für 15 Tage und länger nur noch 9 Prozent.

Seit dem Zivilschutzgesetz von 2016 wird nur noch ein Zehn-Tages-Vorrat angeraten. Unsere Liste im *Anhang* ist aber auf 14 Tage berechnet, weil auch eine Quarantäne in der Regel für 14 Tage angeordnet wird (*Checkliste 1: Lebensmittelvorrat für 14 Tage*). Sie brauchen dies natürlich nur dann wirklich, wenn niemand anderes für Sie einkauft und Sie auch von Lieferdiensten unabhängig sein wollen. Unsere große Einkaufsliste folgt den Empfehlungen der Deutschen Gesellschaft für Ernährung und der Bundesforschungsanstalt für Ernährung und Lebensmittel an und ergibt täglich durchschnittlich 2200 Kilokalorien.

Der angegebene Wasservorrat von 2 Litern pro Tag setzt sich zusammen aus dem durchschnittlichen Trinkbedarf eines Erwachsenen von 1,5 Litern pro Tag zuzüglich 0,5 Liter für das Kochen der jeweiligen Mengen an Nudeln, Kartoffeln oder Reis. Menschen ab 65 Jahren wird das Trinken von 2 Litern pro Tag empfohlen, Kinder bis zu 12 Jahren haben einen durchschnittlichen Bedarf von 1 Liter pro Person und Tag. Hier eignen sich vor allem die 1,5-Liter-PET-Mineralwasserflaschen für eine Lagerdauer von 6 bis 12 Monaten. Da sie nicht gänzlich diffusionsdicht sind, sollten sie nicht auf Beton oder in die Nähe stark riechender Produkte gestellt werden. Für eine längere Lagerperiode (1 bis 2 Jahre) eignen sich 0,7-Liter-Glasflaschen mit Blech-Schraubverschluss. Die Kohlensäure wirkt konservierend. Gelagertes Trinkwasser sollte allgemein nicht gezuckert oder aromatisiert sein. Für eine längere Haltbarkeit empfiehlt sich die Lagerung im Kühlschrank oder an einem anderen kühlen dunklen und trockenen Platz.

Achtung: Angebrochene Wasserflaschen sollten innerhalb weniger Tage ausgetrunken werden, weil beim Öffnen Mikroorganismen hineingelangen können. Solche vermehren sich in heller und warmer Umgebung schneller. Beim Trinken mit dem Mund aus der Flasche können durch den Speichel Bakterien in die Flasche gelangen. Dies wird dann bedenklich, wenn man sich das Getränk mit jemand anderem teilt.

Auch Leitungswasser lässt sich als Trinkwasser bevorraten. Durch Zugabe von Entkeimungstabletten (s. *Checkliste 3: Hausapotheke*; das Produkt Micropur ist zehn Jahre haltbar) kann es in fest verschlossenen Behältern ähnlich wie Mineralwasser 6 bis 12 Monate keimfrei gehalten werden. Einige Liter können auch durch vitaminisierte Gemüse- und Fruchtsäfte ersetzt werden, die noch 1 bis 2 Jahre Haltbarkeit aufweisen können. Wer auch das notwendige Wasser für die Hygiene bevorraten will, braucht als Einzelperson in 14 Tagen insgesamt wenigstens 7 Liter Trinkwasser mehr.

Steht Ihnen aus irgendeinem Grund nicht genug Trinkwasser zur Verfügung oder fürchten Sie, dass die Versorgung mit Frischwasser aus dem Hahn streiken könnte? Dann besteht die Möglichkeit, auf Brauchwasser als Reserve zurückzugreifen: Füllen Sie Brauchwasser in saubere Kanister oder Eimer und kochen Sie es in jedem Fall vor dem Trinken ab, oder nutzen Sie Tabletten zum Entkeimen, um ein sicheres Trinkwasser zu bekommen.

Einkommen und Geldanlage

103. Welche wirtschaftlichen Folgen sind zu erwarten?

Aus der medizinischen Krise ist aufgrund der Erkrankungen und der Schutzmaßnahmen auch eine wirtschaftliche Krise geworden. Die Vollbremsung des öffentlichen Lebens in den Industriestaaten führt auch Deutschland unausweichlich in die Rezession. Bei einer Umfrage unter Führungskräften im April 2020 glaubte jeder vierte Manager, dass Mitarbeiter in seinem Betrieb entlassen werden. Sieben Prozent befürchteten die Insolvenz ihres Unternehmens.

Etliche Firmen mussten monatelang ihren Betrieb einstellen oder reduzieren. Im April 2020 lag etwa die Autoproduktion in Deutschland um 97 Prozent unter dem Vorjahresmonat. Die Zahl der Kurzarbeiter ist im April explosionsartig auf zehn Millionen gestiegen, auch die dauerhaft Arbeitslosen werden mehr. Die Chance, schnell eine neue Arbeit zu finden, ist deutlich gesunken. Bis zu 1,2 Millionen zusätzliche Bezieher der Grundsicherung soll es laut Regierungsschätzung vom April geben – und dadurch zehn Milliarden Euro Mehrkosten für den Staat. Gleichzeitig sinken die verfügbaren Einkommen der privaten Haushalte erstmals seit der weltweiten Finanzkrise 2009 wieder. Dies wird den Konsum beeinträchtigen und den wirtschaftlichen Abschwung verlängern. Wenn auch 2020 die deutsche Wirtschaftsleistung um vielleicht 6 Prozent sinkt, sehen doch die Institute 2021 wieder ein Wachstum voraus. Allerdings schätzte der Bundesverband der Deutschen Industrie am 2. Mai, dass wahrscheinlich erst 2022 das alte Niveau der wirtschaftlichen Aktivität wieder erreicht werde. Zudem hat der Staat enorme Mehrkosten durch seine Hilfsprogramme zu stemmen: 2020 rund 453 Milliarden Euro für die Corona-Hilfspakete, das für den Juni angekündigte Konjunkturpaket noch nicht eingerechnet. Parallel dazu verpflichtete sich die Bundesregierung zum Schultern höherer EU-Lasten aufgrund von Brexit und Corona. Gleichzeitig brechen die

Steuereinnahmen in Deutschland 2020 gegenüber dem Vorjahr voraussichtlich um 81,5 Milliarden Euro ein (Steuerschätzung vom 14. Mai). Alle Ebenen – Bund, Länder und Kommunen – sind betroffen. Auch in den Folgejahren ist noch nicht gleich mit dem alten Niveau zu rechnen. Die Staatsverschuldung steigt sprunghaft.

Die Risiken sind damit aufgezeigt. Was bedeutet das für Sie? Die Verbraucherpreise werden wegen der verringerten Nachfrage zunächst langsamer steigen. Weiter sinkende Zinsen sind nur noch durch die Maßnahmen der Europäischen Zentralbank zu erwarten, vielleicht bis Ende 2021. Langfristig sollten die Zinsen steigen aufgrund der Corona-bedingten rapiden Neuverschuldung der Staaten der Eurozone. Da sich die Politik erfahrungsgemäß sehr schwer tut beim Kürzen von Ausgaben, muss jeder Steuerzahler in Deutschland mit höheren Abgaben und Belastungen rechnen, bis hin zu steigenden Sozialversicherungsbeiträgen. Die SPD hat mit „Reichensteuer" und „Vermögensabgabe" schon Hinweise darauf geliefert, was auf jeden Fall kommen dürfte. Denn auch Grüne und Linke haben sich für eine „fairere Lastenverteilung" ausgesprochen. Erfahrungsgemäß nutzen Politiker für Steuererhöhungen gern die Zeit kurz nach den Wahlen, damit dies bis zur nächsten Wahl wieder vergessen ist. Ab Herbst 2021 wäre folglich mit der einen oder anderen „Überraschung" zu rechnen.

Der unabwendbaren Wirtschaftskrise begegnen Sie sinnvollerweise mit Überlegungen zur persönlichen Jobsicherheit, möglichen Zusatzerwerben und Sparmaßnahmen. Analysieren Sie auch hier wie im Fall der Gesundheitskrise, von wo die größte Gefahr für Ihr Einkommen und Ihr Vermögen kommt. Von der Bank? Vom Arbeitgeber? Von Ihren Mietern bzw. von Ihrem Vermieter? Vom Ordnungsamt? Nehmen Sie Kontakt auf. Erhalten Sie sich gerade jetzt Ihren finanziellen Spielraum. Durchdenken Sie gründlich, welche Richtung die wirtschaftliche Entwicklung nehmen wird und ob Sie handeln müssen. Sind Sie noch in der richtigen Branche? Können Sie zusätzliche Einkünfte generieren? Können Sie Investitionen verschieben auf bessere Tage? Gehen Sie planvoll vor. Legen Sie Ihr

Geld so an, wie es zu den wahrscheinlichen Szenarien passt. Haben Sie einen gesunden Anlagemix? Müssen Sie aufgrund der zu erwartenden Zinsentwicklung Ihre Strategie ändern? Falls Sie an der Börse investieren, reagieren Sie entschlossen auf Nachrichten, die Einfluss auf den Kurs nehmen.

104. Was zählt zu den kritischen Infrastrukturen?

Etwas weniger um ihren Job bangen müssen Beschäftigte in „kritischen Infrastrukturen". Diese durften und sollten ihre Funktionen während des Shutdowns fortsetzen, blieben, wenn auch oft unter Einschränkung des Publikumsverkehrs, meist geöffnet und waren deshalb auch weniger von Kurzarbeit betroffen. Zu den auch „systemrelevant" genannten Institutionen zählen vor allem die für das öffentliche Leben, die Sicherheit und die Grundversorgung der Bürger wichtigen Dienstleister, Geschäfte wie der Lebensmitteleinzelhandel, medizinische Einrichtungen, Behörden und auch landwirtschaftliche Betriebe. Für diese Unternehmen mit direktem oder indirektem Kundenkontakt gelten auch verschärfte Vorsichtsmaßnahmen, um hygienisch einwandfreie Produkte oder Abläufe zu garantieren.

In der Pandemie folgt der Gesetzgeber der Definition in der Verordnung zur Bestimmung Kritischer Infrastrukturen nach dem BSI-Gesetz:
- Sektor Energie: Strom-, Gas- und Kraftstoffversorgung
- Sektor Wasser: öffentliche Wasserversorgung und Abwasserbeseitigung
- Sektor Ernährung: Produktion, Groß- und Einzelhandel (z.B. Supermärkte), einschließlich Zulieferung und Logistik
- Sektor Informationstechnik und Telekommunikation
- Sektor Gesundheit (Arztpraxen, Krankenhäuser, Rettungsdienst, Apotheken, Labore, ambulante und stationäre Pflege sowie

die für den ordnungsgemäßen Betrieb einer stationären Pflegeeinrichtung erforderlichen Dienstleistungen wie Nahrungsversorgung, Hauswirtschaft und Reinigung)

- Sektor Finanz- und Versicherungswesen (darunter Bargeldversorgung, Leistungs- und Auszahlungssystem der Sozialversicherungsträger)
- Sektor Transport und Verkehr, einschließlich der Logistik für die kritischen Infrastrukturen, öffentlicher Personennahverkehr

Nicht der Verordnung unterfallen zwei weitere Bereiche:

- Sektor Staat und Verwaltung (Kernaufgaben der öffentlichen Verwaltung, insbesondere Regierung und Parlament, Polizei, Feuerwehr, Katastrophenschutz, Justiz, Veterinärwesen, Küstenschutz, Hochwasserschutz)
- Sektor Medien und Kultur (v.a. Risiko- und Krisenkommunikation, z.B. Zeitungen)

Zu den „Schlüsselpersonen", die in einer kritischen Infrastruktur tätig sind, zählen schließlich auch die Beschäftigten in den Bereichen:

- Schulen, Kinder- und Jugendhilfe, Behindertenhilfe (besonders Kita-Erzieher und Grundschullehrkräfte, die zur Aufrechterhaltung einer Notbetreuung eingesetzt sind; Sonderpädagogen an Förderzentren mit Internat; Kindertagespflegepersonen)
- Abfallentsorgung (Landesregelungen)

In Zeiten der Pandemie erfährt dabei der Gesundheitssektor sicherlich die größte Wertschätzung in Politik und Gesellschaft. Bei der Kindernotbetreuung wurden zeitweise weniger strenge Maßstäbe angewandt, wenn Eltern in einer für die Akutversorgung notwendigen Einrichtung des Gesundheitswesens, einer Pflegeeinrichtung oder einem ambulanten Pflegedienst tätig waren. Viele New-Mobility-Unternehmen haben dem Gesundheitspersonal ihre Angebote kostenfrei zur Verfügung gestellt, um deren Weg zur und von der Arbeit zu erleichtern.

105. Wie viele arbeiten inzwischen im Homeoffice?

In den meisten Geschäften sowie in den Behörden und Betrieben endete der Publikumsverkehr nach den Bund-Länder-Beschlüssen vom 16. März 2020 zunächst. Die Firmen sollten ein Hygienekonzept umsetzen und wurden dazu angehalten, das Arbeiten von zu Hause auszubauen und zu fördern. Geschlossen wurden unter anderem auch Kultureinrichtungen. Sehr viele Firmen haben ihren Mitarbeitern in der Corona-Krise angeboten oder nahegelegt, von zu Hause aus zu arbeiten. Dies minimiert das Ansteckungsrisiko unter der Belegschaft und entlastet die Innenstädte. Daneben ist es umweltschonend, und die Arbeitnehmer sparen die Zeit für den Arbeitsweg. Homeoffice ist nicht von der Bundesregierung vorgeschrieben, aber empfohlen. Ende März 2020 machte knapp ein Viertel der Beschäftigten von der Möglichkeit Gebrauch. Das war noch kein signifikanter Sprung nach vorn. Ein deutlich höherer Anteil erschien möglich angesichts der Tatsache, dass jeder zweite Angestellte in Deutschland vorwiegend am Computer arbeitet. Im April hat sich der Prozentwert augenscheinlich erhöht. Der Branchenverband Bitkom schätzte den Anteil der (Tele-)Heimarbeiter nun auf die Hälfte. Chefs können sich nicht mehr damit herausreden, dass Mitarbeiter im Homeoffice weniger produktiv wären. Computer- und Kommunikationstechnik erlauben in sehr vielen Fällen zu Hause ein effektives Arbeiten ähnlich wie im Büro, samt Videoschalte und Telefonkonferenz. In einer aktuellen Umfrage erklärten 89 Prozent, sie hätten das Vertrauen ihres Vorgesetzten bei der Heimarbeit. 68 Prozent bezeichneten die Zusammenarbeit und den Austausch mit den Kollegen als reibungslos. Über digitale Tools zum Beispiel für Projektmanagement, Cloud-Speicher und Textverarbeitung informiert eine Internetseite des Deutschen Roten Kreuzes (*https://drk-wohlfahrt.de/sonderseiten/soziale-innovation-digitalisierung/werkzeuge/*). Natürlich erfordert es etwas mehr Selbstdisziplin und Konzentration, gerade wenn „nebenbei" die Kinder zu betreuen sind. Aber im Büro hat man sich doch von den Kollegen auch ganz gern mal ablenken lassen, oder?

106. Was hat es mit Passierscheinen auf sich?

Besonders in der Anfangszeit der Ausgangsbeschränkungen war mit Polizeikontrollen zu rechnen, bei denen der wichtige Grund genannt werden musste, aus dem man auf den Straßen unterwegs war. Da erschien es vielen Firmen sinnvoll, ihren Mitarbeitern die Arbeit bzw. die zur Ausübung ihrer Tätigkeit notwendigen Fahrten zu bescheinigen. Mustervorlagen halten die Wirtschaftsverbände bereit, sie enthalten z.B. Name und Sitz des Unternehmens, Name des Mitarbeiters, Aufgabe des Unternehmens bei der Aufrechterhaltung Kritischer Infrastrukturen und die Bestätigung, dass der Mitarbeiter zur Aufrechterhaltung des Betriebes erforderlich ist. Inzwischen reicht es in den meisten Fällen, den Personalausweis mitzuführen. Für Berufspendler, die die deutsche Staatsgrenze überschreiten müssen, stellt die Bundespolizei unter folgendem Link eine vom Unternehmen auszufüllende Musterbescheinigung als Download zur Verfügung: *www.bundespolizei.de/Web/DE/04Aktuelles/01Meldungen/2020/03/pendlerbescheinigung_beruf_down.pdf?__blob=publicationFile&v=3*

107. Was sollte ich an meiner Arbeitsstätte beachten?

Möglichst nicht mit öffentlichen Verkehrsmitteln hinfahren. Die Arbeitsplätze müssen mindestens 1,50 m Abstand zueinander haben. Wo es die – dienstliche – Kommunikation nicht zu sehr einschränkt, ist eine Vereinzelung der Mitarbeiter anzuraten, also die Verteilung raus aus dem Großraumbüro auf mehrere Räume. Sonst vielleicht übliche Tätigkeiten, bei denen Kollegen eng beieinander Zeit verbringen – etwa am Rechner, wenn eine Person der anderen über die

Schulter guckt, um gemeinsam eine Aufgabe zu bearbeiten – sollten unterbleiben. Treffen Sie Absprachen möglichst per Telefon oder Mail. Zwingend erforderliche Treffen sollten kurz gehalten werden in einem gut belüfteten Raum. Das Stoßlüften der Arbeitsräume mit möglichst viel Außenluft und häufiges Reinigen des Arbeitsplatzes verbessern die Hygiene. Dies ist besonders wichtig, falls Sie sich ein Telefon oder eine Tastatur mit Kollegen teilen. Bei technischen Einrichtungen kann das Desinfizieren nach Gebrauch sinnvoll sein. Dass eine Klimaanlage Viren verteilt, ist nicht anzunehmen, denn Leitungen, die Abluft aufnehmen, transportieren diese nicht in andere Räume. Umluft ist weniger zu empfehlen.

Von zahlreichen Menschen benutzte Griffe, etwa von Türen, Fenstern und Teeküchen-Schubladen, aber auch Wasserhähne oder Knöpfe in Fahrstühlen, sind potenzielle Keimquellen. Hier sinkt das Risiko, wenn man sie mit Handschuhen öffnet und schließt, oder wenn möglich per Ellbogen, Schulter ö.ä.. Wenn der Kontakt mit der Hand unvermeidbar ist, kann man die Hände direkt danach waschen gehen. Ihre Kollegen schützen Sie, indem Sie nach der Ankunft bei der Arbeit und bei der Rückkehr aus einer außerhalb verbrachten Pause die Hände waschen. Der Lufttrockner sollte nicht benutzt werden, sondern das Einmalpapiertuch. Damit kann auch die Tür geöffnet werden.

108. Darf ich mich telefonisch krankschreiben lassen?

Am 9. März 2020 wurde den Arztpraxen erlaubt, Arbeitnehmer mit leichten Erkrankungen der oberen Atemwege auch ohne persönliche Vorstellung krankzuschreiben. Es reichte ein Telefonat mit dem Arzt (s. *Frage 28*). Die befristete Ausnahmeregelung sollte Arztpraxen in der Corona-Krise entlasten und zugleich die Verbreitung von Viren verringern. Zunächst durfte die AU für bis zu sieben Tage ausgestellt werden, ab 25. März sogar für bis zu 14 Tage. Der Patient erhielt sie zugeschickt. Am Abend des 17. April, einem Freitag, teilte der Gemeinsame Bundesausschuss im Gesundheitswesen plötzlich entgegen anderslautender Aussagen mit, die Regelung laufe aus, und schon ab Montag, 20. April, müsse sich jeder Versicherte wieder vom Arzt untersuchen lassen. Anscheinend sollten durch diese knappe Terminierung „Mitnahmeeffekte" verhindert werden, offiziell wurde sie jedoch mit dem abgeschwächten Infektionsgeschehen begründet. Nach Protest vieler Mediziner und Politiker lenkte das Gremium ein. Der erste Gelbe Schein durfte aber nur noch für bis zu 7 Kalendertage gelten, die Arbeitsunfähigkeit konnte dann nach weiterem Telefonat mit dem Arzt noch einmal um 7 Tage verlängert werden. Am 29. April wurde die Regelung bis 18. Mai 2020 verlängert. Die AU konnte auch erteilt werden, wenn der Verdacht auf eine Corona-Infektion bestand. Dem Patienten wurde dann mitgeteilt, wo er sich testen lassen kann. Der Arzt konnte allerdings auch darauf bestehen, den Patienten in seiner Sprechstunde zu sehen, wenn es medizinisch notwendig erschien.

109. Soll ich meine Aktien verkaufen?

Es kommt darauf an. Zu welchen Branchen gehören Ihre Aktien? Haben Sie hohe Buchverluste erlitten? Und wann brauchen Sie das jetzt in Ihrem Depot steckende Geld? Nach kurzzeitigen Rückschlägen um etwa 40 Prozent halten sich die Aktienindizes DAX und Dow Jones im Mai gut 20 Prozent unter ihrem Stand vor der Pandemie. Das ist angesichts der immensen wirtschaftlichen Einbrüche erstaunlich. Denn die Unternehmensgewinne brechen ja auf breiter Front ein, wir haben es hier nicht nur mit einer Finanz- und Bankenkrise wie 2008/09 zu tun. Damals dauerte es sechs Jahre, bis der DAX seinen Höchststand von rund 8000 Punkten wie vor der Krise wieder erreichte. Immerhin stimmt es, dass sich die Aktienmärkte auch nach schwersten Einbrüchen bisher immer wieder erholt haben. Anfang 2020 lag der DAX bei 13 500 Punkten. Über Jahrzehnte betrachtet, konnte eine Rendite von durchschnittlich acht Prozent pro Jahr mit Aktien erzielt werden. Von 2005 bis März 2020 waren es beim DAX immerhin noch durchschnittlich 6,7 Prozent. Aber die Erholung könnte eben auch noch länger als nach der Finanzkrise dauern. Der Autor erlebte das Desaster am Neuen Markt vor 20 Jahren als Wirtschaftsredakteur hautnah mit. Nach dem Platzen der Dotcom-Blase ging es scheibchenweise abwärts, der TecDAX-Vorgänger Nemax 50 verlor bei diesem Salami-Crash über die Jahre gegenüber seinem Allzeithoch 93 Prozent. Selbst sehr bekannte Unternehmen wurden Pennystocks und dann vollends wertlos. Von 2000 bis 2004 ging die lange Durststrecke. Wer in der euphorischen Anfangszeit Aktien auf Kredit gekauft hatte, konnte besonders schnell verarmen.

Den DAX stützen aktuell die massiven Hilfen von Bundesregierung und EU, den Dow Jones die Hilfen der US-Regierung und die Niedrigzinspolitik der Zentralbank Federal Reserve. Dies wird nur bei einem schnellen Rückgang der Pandemie und einem schnellen Ende des Lockdowns so bleiben können. Wer sich darauf nicht verlassen möchte oder meint, dass die Konjunkturprogramme die Riesenverluste der Wirtschaft nicht annähernd wettmachen, sollte seine Aktien verkaufen, so lange die Verluste vertretbar sind. Hat man bereits hohe Buchverluste, sollte man sich dagegen auf eine lange Haltedauer einstellen und auf bessere Jahre warten. Eine wichtige Ausnahme: Wenn sich bei einem Unternehmen noch eine lange Hängepartie oder sogar die Pleite abzeichnet, müssen die Aktien natürlich schnell „bestens" verkauft werden. Dass eine Übernahme die in normalen Zeiten übliche „Übernahmephantasie" auslösen würde und damit einen wieder steigenden Kurs, ist angesichts der Umstände eher seltener zu erwarten. Prüfen Sie immer die Situation „Ihres" Aktienunternehmens und die der betreffenden Branche insgesamt. Gefährdet erscheinen derzeit etwa Transport und Verkehr, besonders Fluggesellschaften und Touristikunternehmen, auch wenn sich keine pauschale Aussage treffen lässt. Die Deutsche Lufthansa etwa ging am 24.4.2020 auch mit dem geplanten Abbau von 10 000 Stellen von einer Normalisierung der Lage für den Konzern

„nicht vor 2023" aus. Auch Autohersteller und Banken haben wohl noch eine Durststrecke vor sich. Öl- und Gasproduzenten sind derzeit auch keine sichere Bank. Herbe Verluste haben schließlich Gastgewerbe, Restauration und die Veranstaltungsbranche auszugleichen.

Der Aktienmarkt erfordert von Anlegern jetzt in der Krise noch höhere Aufmerksamkeit als sonst, denn die Ausschläge am Markt nach unten und oben sind heftiger geworden. Aktien kriselnder Branchen sollten beizeiten abgestoßen werden. Auch wenn nun ein weiterer Crash ausbleiben sollte, ist doch ein allmählicher jahrelanger Abwärtstrend an der Börse möglich.

110. Wie lege ich Geld jetzt krisensicher an?

In den vergangenen Monaten gab es auch Kursgewinner, mit denen sich an der Börse gut Geld verdienen ließ. Und tatsächlich ist ja auch viel Geld im Markt, das irgendwo hin muss. Die niedrigen Zinsen lassen wenige Alternativen zur Börse. Auf lange Sicht ist die Rendite mit renomierten Aktienunternehmen immer sehr gut gewesen. Selbst bei einem Seitwärtsmarkt lassen sich Gewinne machen, wenn der Markt täglich beobachtet wird und eine gewisse Erfahrung vorhanden ist. Wer langen Atem hat, kann die jetzt günstigen Kurse nutzen. Aber wer nächstes Jahr das Geld für eine Anschaffung oder Reparatur braucht, sollte das Risiko meiden und eher auf Festgeld setzen. Wenn Sie Ihr Vermögen nicht zu einem bestimmten kurz- oder mittelfristigen Zeitpunkt brauchen und für eine höhere Rendite auch ein höheres Risiko einzugehen bereit sind, sollten Sie auf jeden Fall einen Teil in Aktien investieren. Im Seniorenalter brauchen Sie Sicherheit und haben keinen so langen Anlagehorizont mehr, da sollte es noch ein kleiner Anteil sein.

Wer z.B. 10 000 Euro für längere Zeit anlegen möchte, kann mehr als die Hälfte in Aktien investieren. Akzeptieren Sie, dass Ihre Aktien ungünstig stehen könnten, wenn Sie Geld brauchen und verkaufen wollen. Wer sie als langfristiges Engagement versteht und Verlustzeiten aussitzen kann, sollte unbedingt Aktien haben. Erwartet wird, dass die großen Unternehmen 2022 oder 2023 wieder ordentliche Gewinne verbuchen. Eine dauerhafte Erholung der Kurse dürfte sich noch weiter hinziehen. Optimistische Analysten erwarteten im Frühjahr 2020 eine Rückkehr des DAX zu alten Höchstständen Anfang 2024. Zuvor müssten die dort notierten 30 größten deutschen Aktienunternehmen aber erst einmal wieder ihre alten Rekordgewinne erwirtschaften, was erst 2022 oder 2023 zu erwarten ist.

Aktuell könnten Sie Titel von Unternehmen kaufen, die von der Gesundheitskrise profitieren. Sollte eine Firma einen Corona-Impfstoff finden, wird sie explosionsartig an Wert gewinnen. Die Produktion werden dann wegen der weltweiten Nachfrage mehrere Konzerne übernehmen. Daher ruhen auf der Pharmabranche insgesamt hohe Hoffnungen. Gewinner der Krise sind auch die Bereiche Medizintechnik, Biotechnologie, Chemie und Informationstechnologie sowie nicht zyklische Konsumgüter.

Noch ein paar allgemeine Tipps zu Aktien: Wichtig ist die Finanzkraft, zu ermitteln aus den Kennzahlen auf Seiten der Firmen oder auch der Direktbanken. Zudem sollten Sie tunlichst Nachrichten, die das Unternehmen betreffen, auch mitbekommen. In Deutschland wird nur wenig über kleinere ausländische Konzerne berichtet. Für Nischenwerte, von denen täglich nur geringe Stückzahlen gehandelt werden, werden Sie im Zweifel auch schlechter einen Käufer finden. Wer seine Aktienauswahl hin und wieder ändern will, sollte nicht zu geringe Stückzahlen ordern. Denn Transaktionen unter etwa 2000 Euro lohnen sich oft wegen der Bankspesen nicht. Eine Aktie müsste dann vielleicht schon um 10 Prozent steigen, nur um die Gebühren von Kauf und Verkauf auszugleichen. Interessenten sollten sich das anhand der Konditionen ihrer Bank einmal ausrechnen.

Wenn Sie sich die Bewertung und Beobachtung einzelner Aktientitel nicht zutrauen, können Sie bei Ihrer Bank Fondsanteile kaufen. Fonds investieren das von den Anlegern eingesammelte Kapital professionell und managen es aktiv. Dafür werden etwaige Gewinne aber auch um Spesen gekürzt. Auch viele Fonds werden in der derzeitigen Marktsituation Verlust machen und Anleger vorübergehend enttäuschen.

Der Kauf von Fondsanteilen liegt aber nahe, wenn man jeden Monat etwas Geld zurücklegen will. Der Verkauf ist (mit dem Kursrisiko) jederzeit möglich. Viele Institute bieten Fonds- oder Aktiensparpläne schon ab 25 Euro monatlich an. Unternehmensanleihen (Renten) erscheinen oft gut verzinst, doch ist die Auswahl nicht ganz einfach und das Risiko ist auch in der Regel nur wenig geringer als bei Aktien. Die Kurse der Anleihen steigen, wenn die Zinsen sinken. Ein Rentenfonds, der in Anleihen investiert, ist die bequemere Variante. Bundesanleihen sind noch sicherer, die niedrigen Renditen bereiten aber keine rechte Freude. Das monatliche Einzahlen in Bausparpläne oder eine Lebensversicherung will angesichts des geringen Zinsniveaus ebenfalls wohl überlegt sein.

Geld, das Sie voraussichtlich erst in 1 bis 4 Jahren brauchen, parken Sie vielleicht als Festgeld oder im jeweils besten Geldanlage-Angebot Ihrer Bank. Was Sie schnell zur Verfügung haben wollen, machen Sie zu Tagesgeld. Schließlich könnten das Auto oder Ihre Heizung kaputt gehen.

Häufig wird Gold als Krisenwährung schlechthin bezeichnet. Das stimmt nicht ganz. Gold ist ein Rohstoff und leidet als solcher ähnlich wie das Öl, wenn der Konjunkturmotor stottert. Bei einer Rezession wird weniger Treibstoff verbraucht und auch weniger Schmuck produziert und gekauft. Während beim Öl eine Überproduktion den Kurs drückt, setzt das Gold aktuell lediglich brav seine schon mehrjährige Aufwärtsentwicklung fort. Davor gab es ein jahres-, im Grunde jahrzehntelanges Dahindümpeln des Goldkurses seit dem Hoch von 1980. Durch die Corona-Krise ist die Goldförderung beeinträchtigt, ebenso die Verarbeitung. Das Angebot war noch im Mai 2020 eingeschränkt. Der eigentliche Wert des Goldes ist sein Inflationsschutz. Wenn Sie von stark steigenden Verbraucherpreisen ausgehen, dann gehört auch Gold zu Ihrer Anlagestrategie. Es sollten nicht viel mehr als zehn Prozent des Vermögens in Gold investiert werden. Ein Krügerrand aus Südafrika oder ein Maple Leaf aus Kanada kosten derzeit beim Kauf etwa 1700 Euro (sie wiegen eine Feinunze oder 31 Gramm). Ein einziger würde also bei 10 000 Euro Anlagevermögen schon 17 Prozent ausmachen. Es gibt auch halbe Stücke, die allerdings nicht so gängig und beliebt sind. Wer die gekaufte Münze dem Händler oder seiner Bank stante pede zurückgeben will, bekommt etwa zehn Prozent weniger dafür. Der Kurs muss also erst einmal um zehn Prozent steigen, bevor man überhaupt in die Gewinnzone kommt. Ähnliches gilt für Barren und für Silber. Banken zahlen meistens etwas weniger beim Ankauf von Gold als Händler, und sie lassen sich Tage Zeit für die Prüfung. Dafür ist die Abwicklung sicherer.

Wer sich langfristig und an hoher Rendite orientiert, legt 10 000 Euro also möglicherweise so an:
- 6000 Euro Aktien (3-4 Werte) oder Fonds
- 2000 Euro festverzinslich (Festgeld, Sparbrief usw.)
- 1000 Euro liquide Notreserve, auf die täglich sicher Zugriff besteht (Girokonto, Tagesgeld, Sparstrumpf)
- 1000 Euro Gold

Für 10 000 Euro bekommt man vielleicht einen Streifen Grünland, aber sonst nicht viel an Immobilien. Wenn Sie mehr Geld zur Verfügung haben und an die Investition in „Betongold" denken, beachten Sie bitte, dass die Immobilienpreise in Deutschland Anfang 2020 ein im Grunde unrealistisch hohes Niveau erreicht hatten. Mit einer leichten Verzögerung hat einige Wochen nach Ausbruch der Pandemie ein Sinken der Preise eingesetzt. Dies wird sich fortsetzen. Wegen der schwachen Konjunktur werden weniger Immobilien gekauft werden und nicht mehr um jeden Preis. Wegen Kurzarbeit und neuer Unsicherheit auf dem Arbeitsmarkt werden viele junge

Familien einen Hauskauf sicherheitshalber aufschieben – und andere zu Notverkäufen gezwungen sein. Besonders bei Geschäftsimmobilien wachsen die Bäume nicht mehr in den Himmel, von kleingestückelten Immobilienfonds mit diesem Schwerpunkt ist derzeit eher abzuraten. Auch Vermieter von Wohnimmobilien können derzeit nicht auf steigende Mieten spekulieren, im Gegenteil, denn den Haushalten steht weniger Einkommen zur Verfügung. Eine eigene selbst genutzte Immobilie dient auf jeden Fall der persönlichen Krisenfestigkeit. Darüber hinaus sollte jetzt nur in Immobilien investieren, wer dafür keinen Kredit braucht oder die Raten auch dann sicher zahlen kann, wenn der Job im Zuge der Pandemie verloren gehen sollte. Der Kreditvertrag sollte die Möglichkeit von Tilgungsaussetzung oder Tilgungssatzwechsel erlauben, damit der Kreditnehmer sich auch in schwierigen Zeiten ein wenig Spielraum erhält.

Die Krise bewältigen und anderen helfen

111. Was mache ich bei Stromausfall?

Durch den Ausfall von Arbeitskräften könnte vielleicht die Behebung eines Stromausfalls im Netz einmal länger dauern. Da ist es gut zu wissen, was aus dem Essen im gut gefüllten Gefrierschrank wird. Nach Herstellerangaben sind moderne Geräte so gut isoliert, dass ein Stromausfall bis mindestens fünf Stunden für die Lebensmittel unproblematisch sei. Oft finden sich in der Betriebsanleitung modellspezifische Angaben. Steigt die Temperatur über 3 Grad, beschleunigt sich das Antauen. Das bedeutet: Die schnell verderblichen Lebensmittel wie rohes Fleisch, Fisch, Geflügel, Hackfleisch, Wurst und Eierspeisen sollten verzehrt werden. Vielleicht haben Sie noch die Möglichkeit zu räuchern? Weil Sie keinen Strom zur Zubereitung haben, lassen Sie diese Lebensmittel sonst in möglichst kalter Umgebung auftauen – wenn der Strom wieder läuft, im Kühlschrank. Steht von Beginn an ein Kühlschrank als Ausweichquartier für leicht angetautes Gefriergut zur Verfügung, haben Sie 24 Stunden Zeit für die Zubereitung – wenn die Temperatur nicht länger als sechs Stunden über 5 Grad lag. Fleisch verdirbt bei 20 Grad zehn Mal schneller als bei 0 Grad. Riechen Sie an dem Lebensmittel. Die Speisen sollten besonders gut erhitzt werden, um etwaige Keime abzutöten. Fisch, Fleisch & Co. sollten angetaut nicht wieder eingefroren werden. Bei Gemüse und Obst sowie Fertiggerichten geht das für kurze Zeit, wenn sie noch einen hartgefrorenen Kern haben, bei Brot und Backwaren ohne Sahne ist es unproblematisch.

Wenn Sie nur auf einen etwaigen Stromausfall in der Quarantänezeit vorbereitet sein wollen, reicht eine kleine Lösung ohne Gaskocher, Gasofen und Notstromaggregat: Legen Sie Kerzen, Teelichte, Streichhölzer, Feuerzeug, Taschenlampe und Ersatzbatterien (übrigens auch für die Rauchmelder) in eine gut zugängliche Schublade. Montieren Sie einige Batterielampen in Ihrem Haus. Ein Batterie- oder Kurbelradio brauchen Sie nicht unbedingt, wenn Sie gegebenenfalls Nachrichten im Autoradio hören können.

112. Ernährungstipps (nicht nur) für die Quarantäne

Idealerweise besteht Nahrung zur Hälfte aus Kohlehydraten, zu höchstens 30 Prozent aus Fetten und zu 20 Prozent aus Eiweißen. Falls Sie auch auf einen längeren Stromausfall vorbereitet sein wollen, können Sie zusätzlich zu den Artikeln unserer *Checkliste 1* Nahrungsmittelriegel (NRG-5 hält sich 20 Jahre) und Notrationen einlagern, die ohne Kochen satt machen.

• Wenn Frischprodukte ausgehen und auf verarbeitete Lebensmittel zurückgegriffen werden muss, wird die von der WHO empfohlene Höchstmenge von 5 Gramm Salz pro Tag interessant. Überschüssiges Salz lässt sich durch eine Rinse (Spülverfahren) mit Wasser entfernen, um den Salzgehalt der Nahrungsportion nach unten zu korrigieren. Auf das Nachsalzen von Speisen sollte allgemein verzichtet werden, alternativ könnten getrocknete oder frische Kräuter eingesetzt werden.

• Mindestens 5 Portionen Obst und Gemüse, zusammen wenigstens 400 Gramm, sollten am Tag gegessen werden, rät die WHO weiter. Vor allem eignen sich für die Bedarfsdeckung Früchte wie Orangen, aber auch Bananen und Äpfel. Frisches Obst kann in Stücke geschnitten und für die Lagerung eingefroren werden. Aus Tiefkühlobst und -gemüse lassen sich auch Smoothies machen. Relativ lang lässt sich Wurzelgemüse wie Karotten, Rüben und rote Beete, aber auch Kohl und Brokkoli lagern. Zwiebeln, Knoblauch und Ingwer können zum Würzen verwendet werden.

• Höchstens 5 bis 10 Teelöffel freier Zucker pro Tag: Die in zubereiteten Lebensmitteln (auch Low-Fat-Produkten), aber auch in Honig, Sirup und Fruchtsäften enthaltenen Zucker sollten diese Grenze nicht überschreiten. Zucker in Gemüse und Obst sind jedoch von dieser Begrenzung ausgenommen und stellen eine gute Alternative dar. Wasser lässt sich mit frischem oder gefrorenem Obst, Gurkenscheiben oder Kräutern wie Minze und Rosmarin süßen.

• Essen wird fettärmer mit Garmethoden wie Dünsten, Grillen oder Sautieren. Vor der Zubereitung kann überflüssiges Fett von Lebensmitteln entfernt werden. Alternativ bieten sich ungesättigte Fettsäuren an. Diese stecken in Raps-, Oliven- und Sonnenblumenöl. Gesunde Mengen davon sind auch in Fisch und Nüssen enthalten. Reduziert werden sollte der Konsum von rotem und fettreichem Fleisch, gehärteten Fetten und Transfetten (v.a. zu finden in Tiefkühlkost).

• Gewährleisten Sie eine gute Verdauung mit ausreichender Ballaststoffversorgung. Setzen Sie daher beim Kochen verstärkt auf Gemüse, Obst, Hülsenfrüchte- und Vollkornprodukte. Ballaststoffe haben den Vorteil, dass sie für eine länger anhaltende Sättigung sorgen und so eine übermäßige Nahrungsaufnahme und Vorratsverschwendung vermieden wird.

• Vermieden werden sollten große Mengen an starkem Kaffee, Tee und koffeinhaltigen Getränken, denn sie können eine Dehydrierung begünstigen und den Schlafrhythmus stören. Außerdem sollte der Konsum alkoholischer Getränke stark eingeschränkt oder gänzlich vermieden werden. Alkohol ist kein nachhaltiger Bewältigungsmechanismus der Krise, vielmehr schwächt Alkoholkonsum das Immunsystem und hat das Potential in Kombination mit bestimmten Medikamenten toxisch zu wirken. „Unter keinen Umständen sollten alkoholische Getränke zur Prävention oder Behandlung einer COVID-19-Infektion verwendet werden", warnt die WHO.

113. Wie vermeide ich psychischen Stress?

Nehmen Sie sich eine Corona-Pause, wenn Sie die aktuelle Situation zu stressen droht. Beschäftigen Sie sich mit wichtigeren Dingen, als sich selbst permanent mit der ungewohnten Situation zu konfrontieren. Begrenzen Sie ihren Medienkonsum auf ein Mindestmaß und schaffen Sie sich Abhilfe. Powern Sie sich indoor aus: Belegen Sie einen Online-Kurs beispielsweise auf Plattformen wie YouTube, vermeiden Sie unnötiges Sitzen. Meditieren Sie, um sich bewusst zu entspannen.

Ein gesunder ausgelasteter Körper ist eine gute Basis für psychisches Wohlbefinden. Versuchen Sie ihr Potential für sich zu nutzen. Besonders in der Quarantäne ist es wichtig, dass Sie Ihrem Tag eine Struktur geben und sich nicht einfach treiben lassen. Pflegen Sie Ihre Kontakte zu Familie und Freunden über alternative Wege wie Video-Treffen, Telefonate oder Textmessenger-Formate. Wenn Sie sich niedergeschlagen fühlen, sprechen Sie Ihr Umfeld an oder suchen Sie Rat bei der Telefonseelsorge (s. im Anhang *Hilfe finden am Telefon*).

114. Ideen zum sinnvollen Zeitvertreib

Versuchen Sie das Beste aus der aktuellen Situation zu machen: Vielleicht gibt es eine Sache, die Sie schon immer aneignen wollten? Arbeiten Sie liegende To-Do-Listen ab, probieren Sie aufwendige Rezepte aus, für die Ihnen sonst die Zeit fehlt. Vielleicht lernen Sie nützliche Alltagshelfer wie Getränke zu brauen, Kleidung zu flicken, Essen einzulegen. Oder Sie pflegen Ihre Gebrauchsgegenstände, während Sie ausmisten? Nehmen Sie sich diese Zeit aber auch ganz bewusst zum Durchatmen und schärfen Sie Ihren Blick auf die kleinen Dinge, die in dem sonst schnelllebigen Alltag gerne hintenüber fallen. Vielleicht nehmen Sie sich die Zeit für einen dicken Schmöker, ein fesselndes Hörbuch oder einen ausführlichen persönlichen Brief?

Suchen Sie sich Ihrem Biorhythmus zuliebe eine Aufgabe, die Sie fordert, damit Sie mit einem gesunden Schlaf gesegnet sind. Dimmen Sie abends rechtzeitig das Licht, um die Ausschüttung von Melatonin zu begünstigen, so fördern Sie gutes Einschlafen. Tanken Sie über den Tag so viel Sonnenstrahlen wie möglich, um Ihre Vitamin-D-Versorgung sicherzustellen. Nehmen Sie genug Vitamin-C auf, denn dieses wirkt gegen Viren.

Bleiben Sie kommunikativ: Führen Sie Videotelefonate mit Freunden, Familie und Verabredungen, nutzen Sie Apps wie „Houseparty", „Skype", oder „Zoom" um sich im Internet mit Freunden oder dem Stammtisch zu treffen, vielleicht zum gemeinsamen Kartenspielen?

115. Wie kann ich in der Krisensituation helfen?

Durch die veränderten Umstände haben Sie vielleicht mehr Zeit zur freien Verfügung. Da auch das gewohnte Vereinsleben ruht, wäre ein soziales Engagement für hilfebedürftige Menschen zu überlegen. Beschäftigte in Kurzarbeit dürfen gern vorübergehend in Bereichen aushelfen, die notwendig sind für die Aufrechterhaltung der Infrastruktur und Versorgung. Zuverdienste werden bis zur Höhe des vorherigen Einkommens nicht auf das Kurzarbeitergeld angerechnet. Gleichzeitig wurde mit dem Sozialschutz-Paket der Bundesregierung vom 27.3.2020 Rentnern die Weiterführung oder die Wiederaufnahme einer Beschäftigung nach Renteneintritt erleichtert. Dafür wird die Hinzuverdienstgrenze von normalerweise 6300 Euro für das Gesamtjahr 2020 auf 44 590 Euro erhöht – ohne Rentenkürzung.

Arbeiten Sie als ehrenamtlicher Helfer, dann sind Sie auch außerhalb von Vereinen meist über die Sammel-Haftpflicht und Sammel-Unfallversicherung ihres Bundeslandes versichert. Drei unterstützenswerte Bereiche möchten wir herausstellen:

• freiwillige Organisationen (nach persönlicher Vorliebe DRK, Feuerwehr, THW usw.)

• Unterstützung der medizinischen Betreuung und Pflege: Freiwillige mit und ohne medizinische Qualifikation werden ständig gesucht. Zentrale Kliniken, Ärzte- und Pflegekammern haben dazu in vielen Bundesländern Aufrufe gestartet, in anderen nehmen die Gesundheitsbehörden Meldungen entgegen. Personen, die medizinische und pflegerische Kenntnisse oder Erfahrungen im Rettungsdienst haben, sind natürlich besonders gefragt und werden von ihrem nächstgelegenen Krankenhaus vermutlich mit offenen Armen begrüßt

• Überall in Deutschland haben sich Nachbarschaftsinitiativen gebildet. Sie helfen kostenlos Senioren, chronisch Kranken und Menschen, die ihre Wohnung nicht verlassen können. Beispielsweise durch Einkäufe, Gassigehen mit dem Hund oder Gespräche am Telefon gegen Einsamkeit. Die Hilfe für andere ist ein triftiger Grund, trotz Ausgangsbeschränkungen die Wohnung zu verlassen. Und so können sich Nachbarn bei Wahrung der Abstandsregel zur Hilfe für Ältere in der Straße, im Dorf oder im Stadtviertel verabreden und diese leisten. Wollen Sie ein nachbarschaftliches Notfallteam gründen, dann klären Sie in der Gruppe, wer was kann und was hat. Sie sollten Handzettel mit dem Hilfsangebot in die Briefkästen infrage kommender Haushalte werfen oder anrufen. Vom Klingeln an der Haustür wird abgeraten, weil sich auch Betrüger schon auf diese Weise Zutritt bei älteren Menschen verschafft haben. Sie können die Hilfsbedürftigen mit ihren Kontaktdaten in einer Liste aufschreiben und untereinander die Aufgaben klar verteilen. Stecken Sie Ihre jeweiligen Zuständigkeiten ab und bleiben Sie über die sozialen Medien vernetzt. Einkaufshelfer sollten nicht die Wohnung betreten, sondern Einkäufe an der Tür übergeben oder abstellen.

Das Bundesfinanzministerium hat am 9. April das Spenden erleichtert. Zum Beispiel dürfen gemeinnützige Vereine Spenden im Zusammenhang mit Coronahilfen annehmen und verteilen, auch wenn in der Satzung keine der in Betracht kommenden Zwecke benannt werden. Auch wird die weitere Zahlung von Übungsleiter-

oder Ehrenamtspauschale nicht beanstandet, wenn die Tätigkeit aufgrund der Corona-Beschränkungen gerade nicht ausgeübt wird.

116. Darf ich jetzt Blut spenden?

Ja. Trotz Ausgangsbeschränkungen dürfen die Blutspendetermine stattfinden. Wenn Ihnen zu Hause die Decke auf den Kopf fällt, sind sie eine sehr sinnvolle Gelegenheit, unter Menschen zu kommen. Das Gesundheitssystem braucht auch während der Corona-Epidemie dringend Blutspenden – eine künstliche Alternative gibt es nicht. Spender müssen inzwischen eine Mund-Nasen-Bedeckung tragen, die erhalten Sie aber ggf. vor der Entnahme ausgehändigt. Sie erfahren beim Blutspenden übrigens auch Ihre Blutgruppe, falls noch nicht bekannt. Nicht zugelassen zur Spende sind für vier Wochen Menschen mit Grippe- oder Erkältungssymptomen und Reiserückkehrer aus dem Ausland sowie Spendewillige, die Kontakt zu einem Corona-Erkrankten hatten. Das Deutsche Rote Kreuz informiert online über seinen Blutspendedienst unter *www.drk-blutspende.de*.

STAATLICHE HILFEN, TIPPS & AUSBLICK

Finanzielle Förderungen (Fragen 117-124)
Wohnen und Reisen (Fragen 125-132)
Familie und Bildung (Fragen 133-142)
Corona-Bilanz (Fragen 143-150)

Finanzielle Förderungen

117. In welchen Fällen wird ein Verdienstausfall entschädigt?

Das Infektionsschutzgesetz sieht eine Entschädigung vor, wenn Sie einen Verdienstausfall haben

• infolge eines angeordneten Tätigkeitsverbots (s. *Frage 118*) oder einer Quarantäne oder

• durch die notwendige Betreuung Ihrer Kinder aufgrund einer Schul- oder Kitaschließung, wegen der Sie nicht arbeiten können (berufstätige Eltern und Pflegeeltern von betreuungsbedürftigen Kindern, die das zwölfte Lebensjahr noch nicht vollendet haben oder behindert und auf Hilfe angewiesen sind). Details dazu s. *Frage 136.*

Erwerbstätige, die wegen einer angeordneten Quarantäne einen Verdienstausfall erleiden, haben in der Regel Anspruch auf eine finanzielle Entschädigung. Ansprechpartner ist die anordnende Behörde, in bisher elf Bundesländern können Arbeitnehmer, Selbstständige und Freiberufler seit 27. April online einen Antrag stellen auf Entschädigung (*www.ifsg-online.de*). Hierzu teilte das Bundesgesundheitsministerium auf Anfrage folgende Details mit: „Personen, die als Ansteckungsverdächtige auf Anordnung des zuständigen Gesundheitsamts isoliert werden und deshalb einen Verdienstausfall erleiden, erhalten eine Entschädigung nach § 56 Infektionsschutzgesetz. Arbeitnehmer erhalten von ihrem Arbeitgeber für die Dauer der Isolierung, längstens für sechs Wochen, eine Entschädigung in Höhe des Nettolohns (sofern nicht § 616 BGB greift). Die ausgezahlten Beträge werden dem Arbeitgeber auf Antrag erstattet. Nach sechs Wochen zahlt der Staat in Höhe des Krankengeldes weiter. Selbständige sollten sich direkt an das zuständige Gesundheitsamt wenden. Für die Berechnung des Verdienstausfalls wird das Arbeitseinkommen nach dem Einkommensteuerrecht zugrunde gelegt. Arbeitgeber und Selbständige können einen Vorschuss auf die entsprechenden Zahlungen beantragen. Erkrankte fallen ausdrücklich nicht unter diese Entschädigungsregelung, weil diese bereits Lohnfortzahlung im Krankheitsfall erhalten (oder als Selbständige im Krankheitsfall auch sonst keinen Anspruch hätten). Eine Entschädigung wird auch dann nicht bezahlt, wenn Beamte weiterhin Besoldung erhalten oder Angestellte von ihrem Arbeitgeber weiterhin Gehalt bekommen."

118. Was ist ein Tätigkeitsverbot?

Bei einem Tätigkeitsverbot untersagt eine Behörde die Ausübung einer bestimmten Tätigkeit für eine vorübergehende Zeit auszuüben. Die Entschädigung des Verdienstausfalls wird auch bei diesem Tätigkeitsverbot gewährt, wenn Sie keine Möglichkeit haben, ihn durch eine andere Tätigkeit auszugleichen. Die angeordneten Schließungen von Geschäften, Betrieben, Freizeiteinrichtungen, Sportstudios, Friseuren oder die Untersagung von Veranstaltungen waren bzw. sind nach Definition des Infektionsschutzgesetzes kein Tätigkeitsverbot.

119. Was bekomme ich, wenn mein Chef mich in Kurzarbeit schickt?

Während einer Kurzarbeit verringert ein Unternehmen vorübergehend die Arbeitszeit seiner Beschäftigten. Der Arbeitgeber kann für seine betroffenen Beschäftigten Kurzarbeitergeld beantragen. Rückwirkend zum 1. März reicht als Voraussetzung, dass mindestens 10 Prozent der Beschäftigten im Betrieb von Arbeitsausfall betroffen sind (früher ein Drittel). Auch werden dem Arbeitgeber die gezahlten Sozialversicherungsbeiträge nun vollständig von der Bundesagentur für Arbeit erstattet.

Im März und April lagen die Sätze bei den gewohnten 60 Prozent des Lohnausfalls für kinderlose Angestellte und 67 Prozent für Eltern. Ein Beispiel: Ein Vater von zwei Kindern (Steuerklasse 3) hat ein Monatsgehalt von 2800 Euro brutto. Die Firma zahlt ihm wegen Einführung der Kurzarbeit nur noch 1000 Euro. Er bekommt nun 882,50 Euro vom Staat als Kurzarbeitergeld hinzu. In seiner freien Zeit nimmt er vielleicht noch eine andere Beschäftigung an – dafür ist die Zuverdienstgrenze, ab der in dem Fall das Kurzarbeitergeld gekürzt wird, angehoben worden. Das Kurzarbeitergeld soll ab dem 4. und dem 7. Monat auf bis zu 80 Prozent (bei Eltern bis zu 87 Prozent) des Lohnausfalls steigen, beschloss die Bundesregierung am 29. April.

Beschäftigte im Mindestlohn-Sektor haben ebenso Anspruch auf Kurzarbeitergeld wie alle ungekündigten Arbeitnehmer, die durch die Kurzarbeit einen Gehaltsausfall von mehr als zehn Prozent haben und weiterhin versicherungspflichtig beschäftigt sind. Für geringfügig Beschäftigte (450-Euro-Minijobber) können Arbeitgeber kein Kurzarbeitergeld beantragen, weil Minijobber nicht versicherungspflichtig in der Arbeitslosenversicherung sind.

120. Was ist, wenn ich arbeitslos werde oder Grundsicherung benötige?

Den Antrag auf Arbeitslosengeld konnte man nach Schließung der Arbeitsämter online (oder telefonisch) stellen. Dazu registriert man sich zuvor mit seinen persönlichen Daten bei der Bundesagentur für Arbeit. Für Bezieher von ALG I, deren Anspruch zwischen Mai und Ende Dezember auslaufen würde, wird die Zahlung um drei Monate verlängert (Beschluss der Bundesregierung vom 29. April).

Wem durch die Corona-Krise die wirtschaftliche Existenz wegbricht, kann den vereinfachten Zugang zur Grundsicherung (ALG II) beim zuständigen Jobcenter nutzen. Bei einem zwischen 1. März und 30. Juni 2020 gestellten Antrag auf Leistungen der Grundsicherung darf man Vermögen, das nicht erheblich ist, behalten. Dies soll auch Selbstständigen helfen. Wenn Freiberufler oder Selbstständige mit Grundsicherung auch „Corona-Soforthilfen" bekommen, darf diese Sonderzahlung in der Regel nicht auf ihr Arbeitslosengeld II angerechnet werden. Darauf wies das Bundesarbeitsministerium in einer Antwort auf eine Anfrage der Linken am 9. Mai hin. Sie müssen lediglich verbindlich erklären, dass Sie über kein erhebliches Vermögen verfügen. Die übliche Bedürftigkeitsprüfung erfolgt erst dann, wenn Sie auch nach sechs Monaten auf die Grundsicherung angewiesen sind. Vor dem Leistungsbezug ist dann wieder das eigene Vermögen weitestgehend aufzubrauchen. Auch Folgeanträge werden unbürokratisch für zwölf Monate weiterbewilligt, verspricht die Bundesagentur für Arbeit. Für das erste halbe Jahr ALG II werden die Ausgaben für Wohnung und Heizung in jedem Fall in tatsächlicher Höhe anerkannt (Sozialschutz-Paket der Bundesregierung vom 27.3.2020).

121. Was sollte ich als Arbeitgeber tun?

Das Bundeswirtschaftsministerium gibt Hinweise auf erste Schritte für Firmeninhaber, die wir wie folgt zusammenfassen:
- Beurteilen Sie Ihre Finanzlage und Liquidität
- Sprechen Sie mit Lieferanten, um eventuelle Teilzahlungen zu vereinbaren
- Sprechen sie mit Kunden, um gegebenenfalls Teilzahlungen von Forderungen zu vereinbaren
- Sprechen Sie mit Vermietern, um eventuell eine Stundung der Miete zu erreichen
- Sprechen Sie mit Ihrer Hausbank wegen Erhöhung des Kreditrahmens, Stundung der Tilgungsrate oder wegen eines neuen Kredits unter Einbindung z.B. der staatseigenen KfW-Förderbank

- Beantragen Sie ggf. niedrigere oder auf null gesetzte Steuervorauszahlungen beim Finanzamt
- Überprüfen Sie, ob geplante Investitionen aufgeschoben werden können
- Prüfen Sie Kurzarbeit als Alternative

Betriebe in Deutschland sollten über einen Pandemieplan verfügen. Die wichtigsten Punkte enthält unsere *Checkliste 6*. Details hat das Bundesamt für Bevölkerungsschutz veröffentlicht (s. *Quellen und Literatur* im *Anhang*).

Sie müssen Beschäftigten nicht nur erlauben, sondern diese anweisen, bei Infektionsverdacht zu Hause zu bleiben und wenn möglich von dort zu arbeiten. Sie sollten helfen, ein Arbeiten von zu Hause aus zu ermöglichen und auch in entsprechende Technologie, Schulungen und Infrastruktur investieren. An Produktionsstätten und ähnlichen Orten sollte das Unternehmen die Zahl der Personen, die vor Ort sind, auf das Allernötigste reduzieren. Nur wer unbedingt muss, sollte persönlich zur Arbeit erscheinen. Alles, was im Homeoffice möglich ist, sollte auch von zu Hause aus erledigt werden.

Beschäftigte sollten die Abstandsregeln einhalten, auf erhöhte Hygiene und regelmäßige Reinigung sollte geachtet werden. Sind in Sanitärräumen textile Handtuchspender installiert, können dafür Papiertücher bereitgestellt werden. Stückseife ist durch Seife aus dem Spender zu ersetzen. Wenn möglich sollten Arbeitgeber Mund-Nase-Masken zur Verfügung stellen. Die gilt aber nur, solange dieses Material nicht in Kontexten, in denen es weitaus notwendiger ist, fehlt, etwa in Kliniken und Arztpraxen. Diese sollten entsprechende Schutzausrüstung bevorzugt erhalten. So haben bereits auch Firmen, die solches Material bevorratet hatten, dieses zur Verfügung gestellt.

122. Wie funktioniert das mit der Steuerstundung?

Selbständige und Unternehmen, die unmittelbar vom Coronavirus betroffen sind, haben einen Anspruch auf steuerliche Hilfsmaßnahmen:

• Steuerschulden aus der Einkommen- und Körperschaftsteuer sowie der Umsatzsteuer bis Ende 2020 können auf Antrag gestundet, also später gezahlt werden. Bitte wenden Sie sich hierzu an Ihr zuständiges Finanzamt. Dies geht auch per E-Mail. Es reicht der Hinweis, dass infolge der Auswirkungen des Coronavirus die nachfolgend aufgeführten Steuerzahlungen derzeit nicht geleistet werden können (erhebliche Härte) und dass eine zinslose Stundung um (Zahl der Monate) beantragt wird.

• Zusätzlich kann zugleich eine Senkung der Steuervorauszahlungen auf Einkommensteuer, Körperschaftsteuer oder Gewerbesteuer unter Hinweis auf die Corona-Situation beantragt werden. Dabei sollte angegeben werden, auf welchen Betrag die Vorauszahlung herabgesetzt werden soll. Gegebenenfalls können „0 Euro" angeben werden. Am Schluss versichert man die Richtigkeit der Angaben.

• Durch eine pauschalisierte Verlustrechnung im Jahr 2020 kann eine Steuererstattung sowohl für bereits in diesem Jahr geleistete Vorauszahlungen als auch für 2019 gezahlte Beträge beantragt werden.

123. Welche Hilfen können Solo-Selbstständige und kleine Unternehmen bekommen?

Unternehmen mit bis zu fünf Beschäftigten (auf Vollzeitstellen gerechnet), Selbstständige, Künstler, Heilpraktiker u.ä. können einen einmaligen Zuschuss von bis zu 9000 Euro beantragen, wenn ihnen infolge der Corona-Krise nach dem 11. März 2020 ein Schaden entstanden ist. Die wirtschaftlichen Schwierigkeiten (Existenzbedrohung oder Liquiditätsengpass) müssen glaubhaft gemacht werden. Unternehmen mit bis zu zehn Beschäftigten können einen einmaligen Zuschuss von bis zu 15 000 Euro beantragen. Privates Vermögen muss dafür nicht angetastet werden. Der Antrag wird online bei Land oder Kommune gestellt. Das jeweilige Unternehmen darf vor März 2020 nicht in wirtschaftlichen Schwierigkeiten gewesen sein.

Diese Soforthilfe muss nicht zurückgezahlt werden. Nur wenn der gezahlte Zuschuss über den tatsächlichen Kosten lag, muss diese Überzahlung zurückerstattet werden. Die Soforthilfe ist gedacht zur Bestreitung laufender Kosten wie Miete oder Pacht, Kredite für Betriebsräume oder Leasingraten und sonstiger Betriebskosten für drei Monate. Falls Ihr Vermieter Ihre Miete um mindestens 20 Prozent reduziert, kann ein etwaig nicht ausgeschöpfter Zuschuss auch für zwei weitere Monate eingesetzt werden. Die Soforthilfe deckt nicht die privaten Lebenshaltungskosten (z.B. Miete der Privatwohnung, eigene Krankenversicherungsbeiträge oder Altersvorsorge) ab. Wer als Selbstständiger nicht mehr genug Aufträge bekommt, kann Grundsicherung beantragen (s. *Frage 120*).

Das Zuschuss-Programm, auch Corona-Schutzschirm für Kleinstbetriebe genannt, ist von vielen Bundesländern individuell erweitert worden. Beispielsweise bietet Schleswig-Holstein auch den Vermietern von Ferienwohnungen bis zu 15 000 Euro aus dem Bundesprogramm an, wenn es ihr Haupterwerb ist. Auch sind in vielen Ländern Mittelstandsfonds aufgelegt worden, die Darlehen bei einem durch die Corona-Krise ausgelösten Liquiditätsengpass bereitstellen. Nehmen Sie Kontakt mit Ihren regionalen Ansprechpartnern auf, zum Beispiel mit den Industrie- und Handelskammern oder den Landesförderbanken.

Bei der Finanzierung von Start-ups ohne Wagniskapitalgeber, jungen Technologieunternehmen und kleinen Mittelständlern gibt es Erleichterungen. In das Zwei-Milliarden-Euro-Hilfspaket eingebunden sind Wirtschafts- und Finanzministerium, die Förderbank KfW und die Bundesländer. Land- und forstwirtschaftliche Betriebe so-

Besonders häufig nehmen Selbstständige und Unternehmer die Soforthilfen in Anspruch. Sie müssen nicht zurückgezahlt werden.

wie die Fischerei können seit 16. April Liquiditätssicherungsdarlehen aufnehmen, welche die Landwirtschaftliche Rentenbank mit Unterstützung des Bundeslandwirtschaftsministeriums anbietet. Angeboten werden Darlehen in Höhe von maximal drei Millionen Euro. Dabei können bei kleinen und mittleren Unternehmen bis zu 90 Prozent der Darlehenssumme verbürgt werden, bei Großunternehmen bis zu 80 Prozent. Fischer an Nord- und Ostsee, die wegen der Pandemie nicht auslaufen konnten, können bis 30. Juni 2020 EU-Überbrückungsbeihilfen erhalten. Zuständig für die Auszahlung sind die Agrarministerien der Bundesländer.

Kleine und mittlere Unternehmen dürfen erwartete Verluste aus dem laufenden Jahr mit bereits geleisteten Steuer-Vorauszahlungen verrechnen. Zur Steuerstundung s. *Frage 122*. Um der Gastronomie zu helfen, wird der Mehrwertsteuersatz auf Speisen vom 1. Juli 2020 bis 30. Juni 2021 von 19 auf sieben Prozent gesenkt. Dies macht das Essengehen günstiger und soll den Konsum in Restaurants und Cafés ankurbeln. Denn die erlittenen Umsatzeinbußen müssen die Betriebe abschreiben – ihre Kunden können schlechterdings die ausgelassenen Besuche nachholen.

Seit dem 23. März 2020 steht das „Sonderprogramm 2020" der KfW allen gewerblichen Unternehmen und den freien Berufen offen. Über die Hausbank können Betriebe, die aufgrund der Corona-Krise vorübergehend in Schwierigkeiten geraten sind, einen Kredit bekommen, theoretisch bis zu zehn Millionen Euro, die Förderbank stellt Unternehmen bis 250 Beschäftigte zu 90 Prozent von der Haftung frei. Die höchste Laufzeit sind allerdings sechs Jahre, dann für kleine und mittlere Unternehmen für nur 1 bis 1,46 Prozent Zinsen.

Für Unternehmen mit mehr als 10 Mitarbeitern beschloss das Corona-Kabinett am 6. April das Programm „KfW-Schnellkredit 2020". Für Anschaffungen und laufende Kosten (nicht aber Umschuldungen) gibt es bis Ende 2020 bis zu 500 000 Euro (bis 50 Mitarbeiter) bzw. 800 000 Euro (über 50 Mitarbeiter) für 3 Prozent Sollzins. Der Kreditnehmer hat bis zu 10 Jahre Zeit für die Rückzahlung und braucht die ersten zwei Jahre nichts zu tilgen. Banken sollen auf die zeitaufwendige Bewertung der Zukunftsaussichten des Unternehmens verzichten können, weil die KfW zu 100 Prozent das Ausfallrisiko übernimmt. Ihre Hausbank prüft aber, ob das Unternehmen bereits vor dem 1.1.2020 in Schwierigkeiten war. Sicherheiten sind nicht erforderlich.

Außerdem gilt für Firmen, die aufgrund der Pandemie in Zahlungsschwierigkeiten geraten:
- Ihr Mietverhältnis darf nicht gekündigt werden.
- Sie müssen Sie in den kommenden Monaten keine Insolvenz anmelden. Die Pflicht zum Insolvenzantrag nach Paragraf 15a der Insolvenzordnung wird ausgesetzt. Auch Gläubiger sollen so lange keinen Insolvenzantrag stellen dürfen. Die Regelung gilt zunächst bis zum 30. September 2020, kann aber bis zum 31. März 2021 verlängert werden.

124. Wie wird Pflegekräften und Künstlern geholfen?

Das Kabinett hat am 29.4.2020 eine Corona-Prämie für Altenpflegekräfte beschlossen. Demnach erhalten alle Beschäftigten in der Altenpflege in diesem Jahr einen gestaffelten Anspruch auf „eine einmalige Sonderleistung" in Höhe von bis zu 1500 Euro, unter anderem abhängig davon, wie sich Länder und Arbeitgeber beteiligen. Den höchsten Bonus erhalten laut Gesundheitsministerium Vollzeitbeschäftigte in der direkten Pflege und Betreuung. Aber auch Auszubildende, Freiwilligendienstleistende, Helfer im freiwilligen sozialen Jahr und Leiharbeiter sowie Mitarbeiter in Servicegesellschaften würden berücksichtigt. Finanziert werden soll dies zu zwei Dritteln von den Pflegekassen sowie zu einem Drittel von Ländern und Arbeitgebern. Beschäftigte, die mindestens ein Viertel ihrer Arbeitszeit direkt mit der Pflegearbeit verbringen, sollen einen Bonus von bis zu 1000 Euro erhalten und Lehrlinge 900 Euro. Andere Beschäftigte in der Altenpflege bekommen bis zu 500 Euro.

Wohnen und Reisen

125. Sind Umzüge noch erlaubt?

Ja, wenn sie nicht vermeidbar sind. Auch dabei sind zu geringe Abstände und Menschenansammlungen auf der Straße untersagt. Die Zahl der Helfer ist auf ein Minimum zu reduzieren, auf eine Umzugsparty soll verzichtet werden.

126. Was ist, wenn ich meine Miete, Strom und Internet nicht mehr zahlen kann?

Wenn Sie Einkommensausfälle durch die Corona-Krise haben und die Miete zwischen dem 1. April und dem 30. Juni 2020 nicht mehr nicht vollständig zahlen, darf Ihnen der Vermieter deswegen nicht kündigen. Dem Vermieter muss der Zusammenhang mit der aktuellen Krise glaubhaft gemacht werden, beispielsweise durch Kopie eines Antrags auf staatliche Leistungen oder Bescheinigung des Arbeitgebers. Sie bleiben aber zur Zahlung der Miete verpflichtet, geraten also in Verzug und müssen ggf. Verzugszinsen leisten. Bis zum 30. Juni 2022 haben Sie Zeit, die angehäuften Mietschulden auszugleichen. Dies gilt auch für Mieter von Gewerbeimmobilien. Und auch Leistungen der Grundversorgung (Strom, Gas, Wasser und Telekommunikation) dürfen Ihnen nicht verweigert werden, weil Sie Ihren Zahlungspflichten krisenbedingt nicht sofort nachkommen können. Die Versorger müssen auf Beschluss von Bundestag und Bundesrat weiter liefern. Diese Regelung gilt bis zum 30. Juni 2020, über eine mögliche Verlängerung bis 30. September 2020 war im Mai noch nicht entschieden (neues Leistungsverweigerungsrecht nach Artikel 240 § 1 EGBGB).

127. Finden noch Zwangsräumungen statt?

Den Amtsgerichten war von den Justizministerien der meisten Bundesländer empfohlen worden, in der Zeit der Ausgangsbeschränkungen Räumungstermine grundsätzlich aufzuheben.

128. Gibt es Erleichterungen bei laufenden Krediten?

Verbraucher, die ihren vor dem 15. März 2020 abgeschlossenen Kreditvertrag aufgrund der Corona-Krise nicht bedienen können, bekommen einen Zahlungsaufschub. Zahlungsverpflichtungen bis zum 30. Juni werden gesetzlich um drei Monate gestundet. Damit die Schuldner später nicht mit doppelten Raten belastet werden, wird der Vertrag um drei Monate verlängert. Die Regelung kann über den 30. Juni hinaus verlängert werden.

Banken und Sparkassen bieten die Stundung ab dem 1. April für Darlehensverträge an, die vor dem 15. März abgeschlossen worden sind, teilte die Deutsche Kreditwirtschaft mit. Die Stundung gelte für Verbraucher, die durch die Pandemie „unverschuldet in eine finanzielle Notlage geraten" und betreffe Rückzahlungen, Zinsen oder Tilgungen von April bis Juni.

Der Darlehensnehmer muss Einnahmeausfälle nachweisen und zusätzlich erklären, dass diese ihn und seine Unterhaltsberechtigten in ihrem Lebensunterhalt gefährden", betont der Verbraucherschützer. Was die Sache weiter verkompliziert: Die Schwelle der relevanten Einnahmeminderung soll vom individuellen Einzelfall abhängen. Der Verbraucher muss Nachweise erbringen.

129. Was gilt für Zweitwohnungen?

Man sollte meinen, der Besitz einer Zweitwohnung erhöhe die persönliche Krisenfestigkeit und Flexibilität. In touristisch stark frequentierten Kreisen an Nord- und Ostsee jedoch wurde Zweitwohnungsbesitzern aus anderen Bundesländern wochenlang die Anreise in ihre Zweitwohnungen untersagt. Anfangs mussten sogar dort bereits befindliche Eigentümer in kürzester Frist abreisen zu ihren Hauptwohnsitzen. Dieser tiefe Einschnitt in Eigentumsrechte wurde begründet mit den in den Ferienregionen an Nord- und Ostsee begrenzten Intensivkapazitäten. Erlaubt war die Neuanreise nur bei einem triftigen Grund. Solche waren nach schleswig-holsteinischer Definition:

a) Die Nebenwohnung wird aus zwingenden beruflichen, gesundheitlichen sowie aus ehe-, sorge- und betreuungsrechtlichen Gründen genutzt. Dazu würde auch die Trennung von Personen gehören, die aufgrund behördlicher Anordnung unter häusliche Quarantäne gestellt wurden, wenn diese Trennung am Hauptwohnsitz nicht zu gewährleisten ist.

b) Es sind zwingende und nicht aufschiebbare Erhaltungs- und Sicherungsmaßnahmen an der Nebenwohnung vorzunehmen. Dies gilt nicht für Renovierungsarbeiten.

Wer ein Ferienhaus in Deutschland gemietet hatte, konnte es bis Anfang Mai nicht beziehen. Es bestand Anspruch auf kostenlose Stornierung.

130. Was ist bei Reisen zu beachten?

Wenn Sie Ihre Ansteckungsgefahr senken wollen, sollten Sie vorerst nur unbedingt notwendige Reisen antreten. Bei einer Urlaubsreise kommen Sie fast zwangsläufig mit Hotspots und öffentlichen Verkehrsmitteln in Berührung, wo viele Menschen und viele Viren sind. Hinzu kommt: Das Auswärtige Amt warnt bis 14. Juni 2020 vor sämtlichen touristischen Reisen ins Ausland, „da mit starken und weiter zunehmenden drastischen Einschränkungen im internationalen Luft- und Reiseverkehr und weltweiten Einreisebeschränkungen, Quarantänemaßnahmen und der Einschränkung des öffentlichen Lebens in vielen Ländern zu rechnen ist." Ende Mai plante die Bundesregierung, die Reisewarnung am 15. Juni für die EU-Staaten sowie für Großbritannien, die Schweiz, Liechtenstein, Norwegen und Island aufzuheben.

Im Flugzeug sind Sie stark den Viren Ihrer Sitznachbarn ausgeliefert. Dem RKI zufolge sind Sie Kontaktperson und haben ein höheres Erkrankungsrisiko, wenn Sie mit einem Infizierten im Flugzeug waren, der in derselben Reihe saß oder zwei Reihen davor oder dahinter – unabhängig von der Flugdauer. Inzwischen werden Flugzeuge wegen des Infektionsschutzes nicht mehr voll besetzt, doch entsprechend haben sich auch die Flugtickets verteuert. Doch auch wenn Sie mit dem Auto in ein Hotel fahren, ist Vorsicht geboten. Sie können im Urlaub nur den Hautkontakt zu Haltegriffen, Türklinken, Schaltern und Geländern minimieren, an Hotspots Maske tragen und sich häufig die Hände waschen. Eine Idee wäre es, Hand-Desinfektionsmittel in den Urlaub mitzunehmen. Zur Schleimhaut-Desinfizierung gibt es Mund- und Rachenspülungen auf Jod-Basis oder mit Octenidin, welche einen Virenbefall möglicherweise verringern. Sie sollten aber nur im Urlaub alle paar Tage vor dem Schlafengehen benutzt werden, weil sie die Schleimhaut reizen. Ferner könnten Sie die Fernbedienung für den Hotelfernseher in eine mitgebrachte dünne Tüte packen und auf diese Weise geschützt die Tasten drücken.

Frankreich, Dänemark, Polen (bis mindestens 12. Juni) und Tschechien (bis mindestens 13. Juni) kontrollieren die Grenze zu Deutschland, deutsche Touristen sind noch nicht überall willkommen. Ein vollständiges Ende der Corona-bedingten Kontrollen wird für 15. Juni angestrebt. Es gibt auch Länder, die für alle Einreisenden Quarantäne verhängen. Frankreich wird wohl im Juni Restaurants und Hotels öffnen, regionale Behörden entscheiden über die Öffnung der Strände. In Dänemark öffneten Restaurants und Cafés am 18. Mai, die Hotels Mitte Juni. Urlaub in Schweden ist bis auf den eingeschränkten Flugverkehr möglich. Ab Juli dürfen in den Niederlanden Restaurants und Kneipen jeweils maximal 30 Gäste bewirten, ab 1. Juli können Campingplätze und Ferienparks dort voll öffnen. In Österreich und der Schweiz sind Hotels und Restaurants seit Mitte Mai offen. Portugal, Bulgarien, Kroatien, Zypern und die Türkei möchten ab Juni wieder Gäste empfangen. An den türkischen Flughäfen werden Urlauber dann auf Corona getestet. Nach Griechenland soll es spätestens ab 1. Juli wieder Flüge geben für Urlauber. Auch Tunesien steht in den Startlöchern. Flüge von Deutschland nach Spanien oder Italien bleiben wohl mindestens bis Juli unterbunden. Bis dahin wird es wegen der langen wirtschaftlichen Durststrecke im Gastgewerbe einen Teil der gewohnten Tourismus-Infrastruktur etwa auf Mallorca und den Kanaren nicht mehr geben. Touristenflüge nach Nordamerika sind erst ab Herbst denkbar. Auf Reisen nach Russland muss wohl noch länger verzichtet werden. Überall ist damit zu rechnen, dass Pools geschlossen sein könnten. In vielen Ländern werden Hotels nicht alle Betten belegen dürfen. Frühstücksbuffets sind vorerst tabu. Ob angebotene Auslandsreisen tatsächlich angetreten werden können, wird nicht selten von den Flugverbindungen und aktuellen Einreisebestimmungen abhängen.

Es ist eine gute Zeit, Deutschland neu zu entdecken. Frühes Buchen empfiehlt sich zum Beispiel in den Küstenregionen. Mit Wohnwagen oder Wohnmobil reisen Sie unabhängiger und mit dem gebotenen Abstand. Allerdings blieben die Sanitäreinrichtungen der Campingplätze bis weit in den Mai geschlossen, Bordtoilette und – dusche sollten also zur Sicherheit funktionieren.

Der Inlandsurlaub ist auch finanziell die sicherste Wahl. Denn wenn Sie eine Reise ins Ausland etwa wegen Einreisebeschränkungen nicht antreten, zahlen das Hotel oder der Ferienhausvermieter Ihnen nicht unbedingt Ihre Vorauszahlung zurück. Gerade Einzel-

reisende sollten vor Vertragsunterzeichnung die Allgemeinen Ge-
schäftsbedingungen prüfen. Hotels in Spanien, Italien und Österreich sollten Sie kostenfrei stornieren können.

Wer vorab zahlen soll und sich nicht sicher ist, sollte das Gespräch mit dem Vermieter suchen, um Zeit zu gewinnen zur Beurteilung der Situation. Sonst könnten volle Stornokosten anfallen. Es
gilt das jeweilige Landesrecht, was einen Rechtsstreit erschwert.
Wenn der Vermieter einen Gutschein oder eine kostenfreie Umbu-
chung anbietet, ist das besser als nichts. Wer mit einem Gutschein
partout nichts anfangen kann, sollte schriftlich widersprechen, um
einen Nachweis zu haben. Eine Zahlung per Kreditkarte kann eventuell leichter rückgängig gemacht werden als eine Überweisung.

Pauschalreisende, deren Auslandsreise nach einer offiziellen Reisewarnung storniert wird, können sich an ihren Veranstalter halten.
Die weltweite Reisewarnung durch Deutschland ist ein „außerge-
wöhnlicher Umstand", der Pauschalreisenden das Recht zur kostenlosen Stornierung gibt. Mehrere Fluggesellschaften bieten auch In-
dividualreisenden gebührenfreie Umbuchungen an. Allerdings
könnte der neue Flug teurer ausfallen. Eine Reiserücktrittsversiche-
rung springt nur ein, wenn man aus persönlichen Gründen die Reise
nicht antreten kann. Sie ist nicht für Krisen im Reiseland gedacht.
Sinnvoll ist in jedem Fall eine Auslandsreisekrankenversicherung.

Nach Beginn der Pandemie konnten viele deutsche Touristen im
Ausland keinen Rückflug mehr bekommen. Flugverbindungen
wurden gekappt oder (Aus-)Reisebeschränkungen erlassen. Trotz
der Rückholaktion des Auswärtigen Amtes für 240 000 gestrandete
Urlauber vom 17. März bis 24. April 2020 konnten manche monatelang ihr Urlaubsland nicht verlassen. Die deutschen Botschaften in-
formierten auf ihren Webseiten und Social-Media-Kanälen über die
Situation. Im Internet wurden Rückkehrwilligen Formulare zur Re-
gistrierung bereitgestellt. Dies ersparte aber keineswegs die Eigen-
initiative, eine geeignete Rückreisegelegenheit ausfindig zu machen.
Davon unabhängig ist es bei Reisen gerade in Risikogebiete ein Plus
an Sicherheit, sich auf die Risikovorsorgeliste der jeweils für das

Land zuständigen deutschen Botschaft setzen zu lassen. Prüfen Sie zudem regelmäßig die aktuellen Reise- und Sicherheitshinweise des Auswärtigen Amtes.

131. Muss ich einen Gutschein für eine gecancelte Reise oder Veranstaltung akzeptieren?

Derzeit bieten viele Reiseveranstalter und Fluggesellschaften statt einer Rückzahlung bei stornierten Reisen und abgesagten Flügen nur einen Reisegutschein an. Die Bundesregierung billigt das bei Reisen, die nicht angetreten werden können, und Flügen, die nicht stattfinden, damit die angeschlagene Branche mit den massenhaften Stornierungen besser klarkommt. Ähnlich gestattete die Bundesregierung Konzert- und Sportveranstaltern, für vor dem 8. März gekaufte Eintrittskarten Gutscheine auszugeben, gleichfalls Fitnessstudios, Musikschulen und Kursveranstaltern für vor dem 8. März geschlossene Verträge. Die Zustimmung der EU-Kommission steht noch aus, denn Gutscheine bergen einige Risiken für die Verbraucher. Geht der Vermieter beispielsweise dennoch pleite, ist der Gutschein wenig wert. „Europaweit haben die Menschen rein rechtlich die Wahl, ob sie das Geld oder einen Gutschein wollen", betonte Kommissionspräsidentin Ursula von der Leyen. Sie rief allerdings finanziell nicht Not leidende Kunden dazu auf, von diesem Recht Abstand zu nehmen. „In dieser Krise ist die Solidarität aller gefragt. Wem es finanziell möglich ist, der sollte nicht auf Geld bestehen, sondern mit Gutscheinen helfen, dass Reiseunternehmen diese schwierigen Wochen überbrücken können." Die Ansprüche der Kunden sollten dabei aber abgesichert bleiben. Der Bund plant einen EU-konformen Gesetzentwurf für eine Gutscheinlösung auf freiwilliger Grundlage, es könnte also eine staatliche Absicherung gegen die Insolvenz des Veranstalters kommen. Am 27. Mai verabschiedete das Bundeskabinett einen Gesetzentwurf, wonach ein bereits akzeptierter Gutschein für eine in der Corona-Krise geplatzte Pauschalreise zurückgegeben werden kann. Bei vor dem 8. März 2020 gebuchten Pauschalreisen, die wegen der Pandemie nicht stattfanden, sollen Reiseveranstalter Kunden statt der Erstattung Gutscheine für spätere Reisen anbieten können. Diese sollen bis höchstens Ende 2021 gültig bleiben. Der Bundestag muss noch zustimmen.

Die Deutsche Bahn bietet für alle bis zum 13. März erworbenen Tickets mit Reisedaten zwischen 13. März und 4. Mai an, dass Fahrgäste bis 4. Mai kostenfrei stornieren oder aber ihre Fahrt verschieben und den Fahrschein bis zum 31. Oktober 2020 flexibel für die gebuchte Strecke nutzen können. Eine Fernverkehrs-Fahrkaste kann bis 30. Juni kostenfrei in einen drei Jahre gültigen Gutschein umgewandelt werden (*www.bahn.de/corona*).

132. Müssen Rückkehrer aus dem Ausland sich melden?

Für Ein- und Rückreisende wird nach einem mehrtägigen Auslandsaufenthalt bisher noch eine zweiwöchige Quarantäne nach den Bestimmungen der zwischen Bund und Ländern vereinbarten Musterverordnung vom 8.4.2020 angeordnet (s. *Frage 37*). Ausnahmen gelten u.a. für Pendler, die für wenige Tage beruflich einreisen müssen. Durch die Mitte Mai stark sinkende Zahl von Neuinfektionen wird die Anordnung immer stärker in Zweifel gezogen. Das Verwaltungsgericht Schleswig stellte am 15. Mai fest, dass ein aus Schweden zurückkehrender Reisender sich nicht in häusliche Quarantäne begeben muss. Zuvor hatte schon am 11. Mai das Oberverwaltungsgericht Lüneburg die niedersächsische Landesverordnung außer Vollzug gesetzt. Es wird erwartet, dass die generelle Anweisung einer Quarantäne nach mehrtägigem Aufenthalt in einem EU-Staat aufgehoben wird, wie dies erste Bundesländer schon im Mai getan haben.

Familie und Bildung

133. Wer bekommt den Notfall-Kinderzuschlag?

Erwerbstätige Eltern mit knappem Einkommen können zusätzlich zum Kindergeld einen Kinderzuschlag bekommen von bis zu 185 Euro pro Monat (wer den Kinderzuschlag erhält, hat außerdem Anspruch auf Leistungen für Bildung und Teilhabe und ist von Kitagebühren befreit). Anspruchsberechtigt ist beispielsweise ein Ehepaar mit 2 Kindern und einem Familieneinkommen von etwa 1600 bis etwa 3300 Euro brutto (ca. 1300 bis 2400 Euro netto), wenn die Wohnkosten 700 Euro betragen. Neben den Wohnkosten kommt es auch auf Zahl und Alter der Kinder an, man kann dies testweise eingeben auf der Internetseite *www.arbeitsagentur.de/familie-und-kinder/kiz-lotse*. In der Corona-Krise wurde diese Leistung zum „Notfall-Kinderzuschlag" ausgeweitet (Sozialschutz-Paket der Bundesregierung vom 27.3.2020). Statt des Einkommens der vergangenen sechs Monate wird bei Anträgen bis zum 30. September 2020 nur das des Monats vor der Antragstellung zugrunde gelegt. Auf diese Weise können ihn mehr Eltern erhalten, die in der Krise in Kurzarbeit geschickt oder arbeitslos wurden. Auch selbstständig tätige Eltern werden berücksichtigt. Bewilligungen, die in der Zeit vom 1. April bis 30. September 2020 enden, werden einmalig um sechs Monate verlängert. Außerdem müssen Eltern keine Angaben mehr zum Vermögen machen, wenn sie kein erhebliches Vermögen haben. Die Regelung erleichtert die Beantragung. Der Kinderzuschlag kann dadurch höher ausfallen. Der Notfall-Kinderzuschlag kann online bei der Bundesagentur für Arbeit beantragt werden.

134. Wer hat Anspruch auf die Notbetreuung in der Kita oder im Hort?

Nicht alle Eltern sind in der Lage, der Aufforderung zur Kinderbetreuung in den eigenen vier Wänden nachzukommen. Auch die vielleicht gewohnte Kinderbetreuung durch Großeltern scheidet als Möglichkeit aus. Die Kindertagesstätten in Deutschland bieten seit 16. März 2020 nur eine Notbetreuung kleiner Gruppen an. Für die nicht berechtigten Kinder besteht ein Betretungsverbot. Begründet wird das damit, dass Kleinkinder die Abstandsgebote nicht einhalten könnten und im Zweifel Eltern und Geschwister zu Hause anstecken würden. Die Familienminister der Bundesländer haben sich am 28. April auf einen Stufenplan zur Öffnung der Kindergärten geeinigt, Termine aber offen gelassen. Jedenfalls soll es von der Notbetreuung erst über die „erweiterte Notbetreuung" und den „eingeschränkten Regelbetrieb" hin zur vierten Phase, dem vollständigen Regelbetrieb, gehen. Nach jeder Phase soll erst mindestens 14 Tage beobachtet werden, wie sich die Infektionszahlen entwickeln. Ganz zu Anfang der Schutzmaßnahmen durften an der Notversorgung nur Kinder teilnehmen, bei denen beide Eltern oder das alleinerziehende Elternteil in Bereichen der kritischen Infrastruktur arbeiten (s. *Frage 104*). Dies sollte die krisenrelevanten Branchen stabilisieren. Für die meisten dieser Bereiche gilt aber seit Ende April, dass es für die Nutzung der Notbetreuung reicht, wenn Vater oder Mutter in einem entsprechenden Beruf nachweislich tätig sind. In Details unterscheiden sich die Regelungen von Bundesland zu Bundesland. Bei den nicht berechtigten Kindern verweist der Staat vor allem auf die Möglichkeit der Betreuung durch Tagesmütter o.ä. Nach den Bund-Länder-Beschlüssen vom 6. Mai dürfen Kindergärten ab 11. Mai ihre Notbetreuung erweitern auf Kinder mit besonderem pädagogischen Bedarf oder Sprachförderbedarf, Kinder, die in beengten Wohnverhältnissen leben, und Kinder, die familiengerichtlich unter Schutz stehen oder in öffentlich-rechtlichen Unterbringungen leben.

Es sollen auch später Kita-Gruppen von zehn statt fünf Kindern möglich sein.

In Deutschland gibt es 11 Millionen schulpflichtige Kinder und Jugendliche. Von Mitte März bis Anfang Mai waren fast alle von der Schulschließung betroffen, schier endlos zogen sich die Osterferien hin. Auch seither konnten noch nicht alle Klassen an die Schulen zurückkehren, weil kleine Unterrichtsgruppen erforderlich sind. Damit Eltern in krisenrelevanten Berufen in jedem Fall zur Arbeit gehen können, gab bzw. gibt es einen schulischen Notbetrieb für Schüler bis 12 Jahre bzw. bis zur 6. Klasse, bei denen ein Elternteil (anfangs mussten es beide sein) in einem systemrelevanten Beruf tätig ist. Sofern es diesen Eltern nicht möglich ist eine Alternativ-Betreuung zu realisieren, können ihre Kinder in der Schule am Notbetrieb teilnehmen. Auch Kinder mit einem erhöhten Pflege- und Betreuungsaufwand, der im häuslichen Rahmen nicht erfüllt werden kann, dürfen unter Einhaltung von Schutzmaßnahmen betreut werden. Ihre Betreuung findet auf Wunsch der Eltern und Entscheidung der Schulleitung statt.

135. Gibt es eine Erstattung der Kitagebühren für die Eltern, wenn die Kita zu ist?

Unterschiedlich. Nordrhein-Westfalen setzt die Elternbeiträge für die Kindertagesbetreuung für den April 2020 aus. Das Land Schleswig-Holstein stellt Geld bereit, damit Eltern die Betreuungsbeiträge für zwei Monate zurückerstattet werden können (selbst wenn die Notbetreuung in Anspruch genommen wurde). Bundesweit gibt es aber eine Verbesserung beim Elterngeld für Eltern in systemrelevanten Berufen: Sie können in der Variante Partnerschaftsbonus ihre Elterngeldmonate aufschieben und verlieren nicht ihren Anspruch, wenn sie wegen der Pandemie mehr oder weniger arbeiten als geplant.

136. Wird ein Lohnersatz bei Betreuung wegen Schul- und Kitaschließung gezahlt?

Ja. Wer wegen Schul- oder Kitaschließung die eigenen Kinder betreuen muss und nicht zur Arbeit kann, ist seit 30. März 2020 dank einer Änderung des Infektionsschutzgesetzes gegen übermäßige Einkommenseinbußen abgesichert. Eltern erhalten demnach eine Entschädigung in Höhe von 67 Prozent des monatlichen Nettoeinkommens (maximal 2016 Euro) für bis zu sechs Wochen. Am 20. Mai verlängerte die Bundesregierung die Dauer auf bis zu 20 Wochen. Die Auszahlung übernimmt der Arbeitgeber, der einen Erstattungsantrag stellen kann. Voraussetzung dafür ist, dass die erwerbstätigen Eltern Kinder unter 12 Jahren, behinderte oder auf Hilfe angewiesene Kinder zu betreuen haben, weil eine anderweitige Betreuung nicht sichergestellt werden kann – also etwa kein Anspruch auf die Notbetreuung in der Kindertagesstätte oder der Schule besteht. Arbeitnehmer geben also ihrem Arbeitgeber Bescheid, während Selbstständige und die Arbeitgeber einen Antrag stellen müssen bei der zuständigen Landesbehörde bzw. in bisher elf Bundesländern online (zur Online-Beantragung s. *Frage 117*). Zuvor musste sich meist ein Elternteil unbezahlt von der Arbeit freistellen lassen. Oft entfiel die Notwendigkeit aber auch, weil zumindest ein Elternteil im Homeoffice die Kinderbetreuung übernehmen konnte. Übrigens: Ist ein Kind unter 12 Jahren krank, kann sich ein Elternteil beim Arbeitgeber abmelden. Für das Kind übernehmen die gesetzlichen Kassen bis zu 10 Tage für ein Elternteil, bei Alleinerziehenden bis zu 20 Tage pro Jahr die Lohnfortzahlung.

137. Welche Probleme sind beim Homeschooling aufgetreten?

Alle Schüler bekamen für sieben Wochen und mehr „Corona-Ferien" Hausaufgaben mit oder wurden zur Nutzung digitaler Bildungsangebote und Übungen verpflichtet. Die Schulen waren plötzlich zur Digitalisierung ihrer Arbeit gezwungen und kamen nicht alle gleich gut mit dieser Herausforderung zurecht. Der Heimunterricht lief bisher äußerst unterschiedlich von Schulart zu Schulart, von Schule zu Schule, von Lehrer zu Lehrer und Fach zu Fach. Die Unterstützung der Schüler bei dieser ungewohnten Arbeitsweise variierte stark. Andererseits gab es Kinder, die zu Hause nicht digital zu erreichen waren. Zu einigen riss der Kontakt ab. Bedürftige Schüler sollen einen staatlichen Zuschuss von 150 Euro zur Anschaffung von Tablets o.ä. erhalten, mit denen sie digitale Schulangebote nutzen können. Einige Kommunen kündigten an, diesen Bundeszuschuss aufstocken zu wollen.

138. Wie geht es an den Schulen weiter?

Ende April/Anfang Mai wurde der Betrieb für die Abschlussklassen wiederaufgenommen, und die Prüfungen fanden mehr oder weniger regelmäßig statt unter Schutzmaßnahmen. Daneben durften ab 4. Mai die vierten Grundschulklassen als erste wieder unterrichtet werden in kleinen Gruppen. Die anderen Klassen sollen gestaffelt folgen möglichst bis Mitte Juni, Nordrhein-Westfalen ließ gleichzeitig mit den vierten Klassen die Abschlussjahrgänge und die Jahrgänge, die nächstes Jahr geprüft werden, folgen.

Um für sämtliche Schüler kleine Gruppen sicherzustellen, werden Unterricht am Sonnabend, schichtweiser Unterricht vormittags bzw. nachmittags oder eine Mischung aus Präsenz- und Distanzunterricht (halbierter Unterricht) in den jeweiligen Bundesländern diskutiert. Die kleinen Gruppen sind vor allem auch notwendig, um im

Falle einer Ansteckung mit SARS-CoV-2 möglichst wenige Mitschüler in Quarantäne zwingen zu müssen. Der Heimunterricht wird uns noch viele Monate begleiten. Der Präsident des Deutschen Lehrerverbandes, Heinz-Peter Meidinger, ist sich sicher, dass durch die Corona-Krise auch im Schuljahr 2020/21 kein normaler Unterricht möglich sein wird. Weil es noch keinen Impfstoff gegen das Corona-Virus gebe, „müssen wir uns auch mindestens ein Jahr noch an den Schulen auf erhebliche Einschränkungen einstellen. Das bedeutet nicht nur in diesem Schuljahr, sondern auch weit noch ins nächste Schuljahr hinein", sagte er der *Bild* (20.4.2020). Auch die Bildungsminister der Bundesländer rechneten nicht mit einem schnellen Ende der Einschränkungen. Die Stimmen jener, die für verkürzte Lehrpläne plädieren, mehren sich.

139. Wie soll Uni ohne Vorlesungen gehen?

Mit erheblichen Beeinträchtigungen kämpft auch der Universitätsbetrieb. Prüfungen, bei denen ein Mindestabstand von zwei Metern zwischen Prüfling und Prüfer eingehalten werden kann, dürfen weiter abgenommen werden. Schriftliche Prüfungen können unterschiedlich gehandhabt werden. Digitale Lehrveranstaltungen haben zentrale Bedeutung erlangt. Für Vorlesungen wurden und werden Schutzkonzepte erarbeitet. Zunächst sind bestimmte Praxisveranstaltungen mit geringer Teilnehmerzahl denkbar, etwa Laborpraktika. Theoretisch möglich ist das Nachholen ausgefallener Lehrveranstaltungen an Sonnabenden oder durch eine Verdichtung von Seminaren. Die Unibibliotheken durften unter Einhaltung von strengen Auflagen wieder öffnen, beschränken sich aber im Mai 2020 teils immer noch auf digitale Ausgleichsangebote.

140. Welche Hilfen können Studenten erhalten?

• Viele Studenten haben ihre Nebenjobs verloren. Studierende, die wegen der Pandemie finanzielle Probleme plagen, können seit 8. Mai (ausländische Studenten ab Juli) einen kostenlosen Kredit bei der Förderbank KfW bekommen. Für höchstens ein Jahr erhalten sie bis zu 650 Euro. Auch die schon laufenden Studienkredite der KfW sollen bis Ende März 2021 zinslos sein. Der Antrag kann online gestellt werden. Zuzufügen sind Identitätsnachweis (etwa Personalausweis), Immatrikulationsbescheinigung und Kontoverbindung. Eine Bedürfnisprüfung findet nicht statt. Die **Rückzahlung muss erst** nach 18 bis 23 Monaten beginnen.

• Wer in einer akuten Notlage ist und auch z.B. von den Eltern keine Hilfe bekommt, kann bei seinem örtlichen Studentenwerk einen Zuschuss beantragen, der nicht zurückgezahlt werden muss. Der Bund hat dafür den Nothilfefonds des Deutschen Studentenwerks aufgestockt.

• Auf Fördergelder wie BAföG, oder Stipendien hat die Verschiebung des Semesterbeginns an einzelnen Hochschulen keine Auswirkungen. Das gilt auch für Erstsemesterstudenten bei pandemiebedingter Verschiebung des Vorlesungsbeginns. Ausgeweitet wird das BAföG nicht, aber wer wegen Corona sein Studium verlängern muss, soll die Förderung auch länger erhalten. Das soll (Stand Mai 2020) im Einzelfall geprüft werden.

• Ein Zuverdienst von Studenten und Auszubildenden in der Bekämpfung der Corona-Pandemie sollen laut nicht auf das BAföG angerechnet werden. Das gilt etwa für den Einsatz von Medizinstudenten im Krankenhaus und von Pflege-Azubis in Heimen.

• Baden-Württemberg beschloss am 28. April einen Hilfsfonds für Studenten. Studierende, die in Baden-Württemberg wegen der Corona-Krise ihre Nebenjobs verloren haben und nun in einer finanziellen Notlage sind, sollen bis zu 900 Euro als zinsfreies Darlehen bekommen. Der Antrag erfolgt über die Studierendenwerke.

141. Wie bin ich für meine (Groß) Eltern da?

Die Altenheime waren im März und April für Besucher gesperrt. Die ersten Einschränkungen bestanden darin, dass zum Beispiel nur noch einmal am Tag für eine Stunde Besuch zugelassen war, allerdings nicht von Kindern unter 16 Jahren oder erkälteten Personen. Auch Besuche bei Senioren im privaten Bereich waren unerwünscht und wurden aus Sorge um eine Ansteckung dieser möglichen Risikopatienten immer weniger. In Heimen sind, ähnlich wie in Krankenhäusern, Ausbrüche des Coronavirus besonders gefährlich, weil hier viele Risikogruppen betroffen sind. Der Knackpunkt war, dass die ältere Generation so zunehmend isoliert wurde.

Das Gefühl, von anderen abgeschnitten zu sein, kann zu Unausgeglichenheit und im Extremfall zu einer klinischen Depression führen. Der Mensch als soziales Wesen braucht zwischenmenschliche Interaktionen, ganz gleich wie alt er ist. Darum ist es wichtig, sich diese weitestgehend zu erhalten. Angehörige älterer Menschen sollten einen anderen Weg finden mit ihren Lieben in Kontakt zu treten, vielleicht über Briefverkehr oder übers Festnetztelefon. Einige Seniorenheime bieten mit Tablets die Möglichkeit zu Videoanrufen. Ganz gleich, was gemacht wird, niemandem sollte das Gefühl gegeben werden, dass er oder sie hintenüberfällt. Seit dem Bund-Länder-Beschluss vom 6. Mai ist es Patienten in Kliniken und Bewohnern von Senioren- und Pflegeheimen oder Behinderteneinrichtungen wieder erlaubt, wiederkehrenden Besuch von einer definierten Person zu empfangen.

142. Wie beschäftige ich meine Kinder?

Durch die sieben- und mehrwöchige Schließung der Schulen und Kindergärten hat sich zwangsläufig das Familienleben in Deutschland intensiviert. Die Unmöglichkeit einer gemeinsamen Urlaubsreise hat die Zwangsferien subjektiv noch länger werden lassen. Mit den Kindern 24 / 7 aufeinander zu hocken, macht die Krise nicht immer aushaltbarer. Kinder sollten auch während der Ausnahmesituation beschäftigt bleiben. Es ist schon schwer genug für sie zu verstehen, warum sie keine Freunde mehr treffen dürfen und künftig auch nur in Kleinstgruppen unterrichtet werden. Kinder sollten ihren festen Tagesablauf behalten, es sollte versucht werden, mit Struktur ein Stück Normalität zu schaffen. Feste Aufsteh- und Zubettgehzeiten können dabei hilfreich sein. Kinder können spielerisch in den Haushalt eingebunden werden, um ihnen eine sinnstiftende Aufgabe zu geben. Die Weltgesundheitsorganisation empfiehlt, sie in die Zubereitung gesunder Mahlzeiten einzubeziehen und zum Beispiel das Gemüse selbst aussuchen zu lassen. Mutter oder Vater könnten ihr Kind auch mit Bastelaufgaben bei Laune halten. Vielleicht bieten sich bei dem ein oder anderen Kind auch Videoanrufe oder Telefonate mit Freunden an, wenn die Kindergartenfreunde vermisst werden. Das „Parken" von Jungen und Mädchen vor elektronischen Gerätschaften ist in jedem Fall kontraproduktiv, denn es fördert Stress und Unruhe. Versuchen Sie, gelassen zu bleiben und diese Zeit auch als Geschenk zu nehmen: geschenkte Zeit mit ihren Zöglingen. Machen Sie bewusst Pausen, die Sie und Ihre Kinder mit ausreichend Vitamin D versorgen, denn Frischluft hat den Ruf, auch ein gewisses Maß an Müdigkeit auszulösen.

Abgesperrt: Monatelang durften Kinder in Deutschland nicht einmal die Spielplätze nutzen. Foto: hp

Corona-Bilanz

143. Was ändert sich gerade so nebenbei?

• Weil sich Gesundheitsbewusste nicht mehr die Hand geben, wenden einige einen „Corona-Gruß" an. Das kann das Anstoßen Ellbogen an Ellbogen sein, das gegenseitige Antippen mit dem Fuß, das sich Ans-Herz-Fassen und Verbeugen – oder ganz einfach das In-die-Augen-Gucken und Lächeln.

• Nach Beschluss des Bewertungsausschusses dürfen Arztpraxen in Ausnahmesituationen ihren Patienten auf deren telefonischen Wunsch hin bis zum 30. Juni 2020 Folgerezepte, Folgeverordnungen und Überweisungen per Post zusenden. Voraussetzung ist, dass der Patient bei dem Arzt in Behandlung ist. Dabei handelt es sich z. B. um Folgeverordnungen für Arzneimittel, Krankenbeförderung, häusliche Krankenpflege oder Heilmittel sowie Überweisungen zu anderen Ärzten. Auch bestimmte Hilfsmittel können so verordnet werden – nicht jedoch Seh- und Hörhilfen. Die Vorgaben, in welchem Zeitraum die Verordnungen von Heilmitteln ihre Gültigkeit verlieren, werden zunächst befristet bis 31. Mai ausgesetzt.

• Wer einen Antrag auf Pflegeleistungen stellt, wird derzeit nicht mehr vor Ort vom Medizinischen Dienst der Krankenkassen begutachtet, sondern telefonisch befragt.

• In den Regionalzügen der Deutschen Bahn kontrollieren die Zugbegleiter von April an bis auf weiteres die Fahrkarten nicht mehr. Dies geschehe zum Schutz von Fahrgästen und Mitarbeitern.

• Die Finanzbehörden verzichten bis auf weiteres auf Vollstreckungsmaßnahmen und Säumniszuschläge bei der Einkommen- und Körperschaftsteuer sowie der Umsatzsteuer.

• Fernsehen wird durch die Ausgangsbeschränkungen beliebter. Seine Nettoreichweite stieg im März 2020 im Vergleich zum Vorjahresmonat um vier Punkte auf 75 Prozent. Die Sehdauer erhöhte sich um acht Prozent auf durchschnittlich 4 Stunden und 4 Minuten.

Der Corona-Gruß mit den Ellenbogen...

... oder Fuß an Fuß.   *Fotos: TB*

• 28 Prozent der Verbraucher würden, wäre die Krise binnen drei Monaten unter Kontrolle, anschließend doch weniger Geld ausgeben. Das ergab eine am 7. April veröffentlichte BCG-Umfrage.

Die gleiche Anzahl rechnet zudem damit, dass sich ihr Kaufverhalten nach frühestens einem Jahr normalisiert, wenn nicht sogar gänzlich ändert. Ein Drittel der Konsumenten kann sich vorstellen, nach ein paar Monaten wieder das Kaufverhalten von vor der Krise zu haben. McKinsey teilte am 7. Mai mit, dass 40 Prozent der Verbraucher seltener öffentliche Verkehrsmittel nutzen wollen, solange kein Corona-Impfstoff zur Verfügung steht. Stattdessen wollen sie häufiger zu Fuß gehen, Radfahren oder das eigene Auto nutzen. Viele Befragte erklärten, auch nach Abflauen der Pandemie weniger reisen, ins Kino oder in Konzerte gehen zu wollen.

• In den sechs Wochen der zwangsweisen Schließung der Friseursalons hat sich laut einer YouGov-Umfrage etwa jeder siebte Bundesbürger selbst die Haare geschnitten (14 Prozent).

144. Welche Schritte erleben wir beim Exit?

Zum Ausstieg aus dem Lockdown will man das öffentliche Leben wieder hochfahren, die Wirtschaft ankurbeln und gleichzeitig die Pandemie unter Kontrolle halten. Entsprechend vorsichtig sind die ersten Schritte in Deutschland. Es bewährte sich, nach jeder Lockerung erst einmal zwei Wochen die Auswirkungen abzuwarten, bevor über die nächsten regulierenden Schritte entschieden wird.

• GESCHÄFTE: Die zwischen dem 20. und 27. April 2020 in den Ländern umgesetzte Wiedereröffnung im Einzelhandel sorgte bei Geschäftsleuten teilweise für Unmut. Die Obergrenze bei der Verkaufsfläche von bis zu 800 Quadratmetern wurde von Bundesland zu Bundesland unterschiedlich gehandhabt. Meist durften größere Geschäfte öffnen, wenn sie ihre Verkaufsfläche durch Absperrungen entsprechend reduziert haben. Und die Wahl der Ausnahmen – meist Kfz-Händler, Fahrradhändler und Buchhändler, teils auch

Einrichtungshäuser –, machte einen willkürlichen Eindruck. Ebenso wie die Zahl von 800. Immerhin gibt es da eine baurechtliche Definition, nach der darüber der „großflächige Einzelhandelsbetrieb" beginnt. Kritiker erklärten zudem, dass statt der Quadratmeterzahl besser eine Höchstzahl von Kunden pro Fläche definiert worden wäre. Die Bundesregierung argumentierte dagegen, sie wolle große Menschenansammlungen in Innenstädten und Einkaufszentren und das damit verbundene Verkehrsaufkommen gerade im ÖPNV vermeiden. Zwischen 2. und 18. Mai erlaubten die Bundesländer auch wieder die Öffnung größerer Geschäfte, unter Einhaltung von Hygienekonzepten.

• GASTRONOMIE: Zwischen dem 9. und 22. Mai ließen die Bundesländer die Öffnung von Restaurants und Cafés wieder zu (z.B. Nordrhein-Westfalen ab 11. Mai, Berlin ab 15. Mai).

• HOTELS UND TOURISMUS: Auch bei den touristischen Übernachtungen waren die Regelungen unterschiedlich. Sachsen öffnete die Hotels und Ferienwohnungen gleich mit der Gastronomie am 15. Mai, ebenso verfuhr Schleswig-Holstein am 18. Mai (aber nur bis 22 Uhr abends). Nordrhein-Westfalen und Berlin öffneten die Hotels erst zehn Tage nach den Restaurants. Bis Ende Mai sind die Hotels bundesweit wieder Touristen zugänglich, teils aber mit gesenkten Belegungsgrenzen. Schleswig-Holstein ließ zum Wiederanfahren des Tourismus zunächst ab 4. Mai Zweitwohnungsbesitzer und Dauercamper zurückkehren, auch aus anderen Bundesländern. Dauercamper mussten sich ohne Nutzung der Sanitärräume selbst versorgen. Erst am 18. Mai wurden die Campingplätze wieder allgemein zugänglich. Am selben Tag hob Schleswig-Holstein das Einreiseverbot für Touristen auf. Damit verbunden fällt auch das Betretungsverbot für Inseln und Halligen. Am Vatertag und Pfingstwochenende 2020 sind allerdings Touristen auf den Inseln, in St. Peter-Ording und Büsum unerwünscht. Helgoland wird ohnehin erst am 25. Mai wieder für Tagestouristen freigegeben. Der Zustrom von Tagesgästen gilt als am schwersten steuerbar. Selbst bei Anmeldeverfahren oder Ticketkonzepten erhöhen sie das Infektionsrisiko, weil sie etwa durch Tanken und Einkaufen mehr Sozialkontakte haben. Mecklenburg-Vorpommern lässt ab dem 18. Mai zunächst Einheimische im eigenen Bundesland Urlaub machen. Ab Pfingsten (31. Mai) dürfen alle Deutschen an die Ostsee.

• KINDERTAGESSTÄTTEN: Die Kitas in Schleswig-Holstein sollen ab 1. Juni wieder einen eingeschränkten Regelbetrieb aufnehmen. Dann dürften die Einrichtungen wieder zu 55 Prozent ausgelastet sein. Bis Anfang Juli sollen in Bayern wieder alle Kinder in Kitas und Krippen dürfen.

• SCHULEN: Nordrhein-Westfalen erlaubt ab 11. Mai Unterricht für alle Schüler in einem tageweisen Wechsel in den Schulen. Bis spätestens 29. Mai sollen alle Schüler in der Bundeshauptstadt Berlin Präsenzunterricht mit reduziertem Stundenplan erhalten.

• GOTTESDIENSTE: Nordrhein-Westfalen lässt seit 1. Mai wieder Gottesdienste und Versammlungen zur Religionsausübung mit Gläubigen zu. So wird im Kölner Dom am 3. Mai der erste gemeinschaftliche Gottesdienst seit dem 14. März gefeiert. Rheinland-Pfalz erlaubt Gottesdienste seit 3. Mai und Bayern seit 4. Mai. Hamburg und Schleswig-Holstein folgen am 10. Mai. Die Kirchen befolgen dabei Abstands- und Hygieneregeln.

• SPORT: Schon ab 2. Mai lassen erste Bundesländer den Vereinssport wieder beginnen. In Schleswig-Holstein ist seit 4. Mai und in Nordrhein-Westfalen seit 7. Mai kontaktloser Breitensport im Freien erlaubt, in Berlin seit 15. Mai. Duschen und Gemeinschaftsräume bleiben anfangs noch geschlossen. In der zweiten Maihälfte wird der 1. und 2. Fußball-Bundesliga zugestanden, wieder zu spielen, allerdings nur „Geisterspiele" ohne Zuschauer. Am 15. Mai ist Start. Wenn es einen Corona-Fall in einer Mannschaft gibt, müssen der gesamte Club und womöglich auch die gegnerische Mannschaft zwei Wochen lang in Quarantäne, erklärte Sportminister Horst Seehofer (CSU) dazu. Es bestünden also Risiken für den Spielplan und die Tabelle. Das erfordere bei allen Beteiligten hohe Disziplin bei der Corona-Vorsorge. Sport ist nun fast überall kontaktfrei möglich. Noch nicht möglich sind das Zweikampftraining beim Fußball oder

Judo-Kämpfe. Nordrhein-Westfalen öffnet am 30. Mai alle Sportarten, nachdem es seit 11. Mai schon Fitnessstudios, Tanzschulen und Kursräume von Sportvereinen geöffnet hat. Hamburg öffnete erst am 31. Mai die Fitnessstudios.

• SCHWIMMBÄDER: Nordrhein-Westfalen öffnet am 20. Mai die Freibäder und am 30. Mai auch die Hallenbäder. In Bayern sind seit 8. Juni die Freibäder wieder geöffnet.

• KUNDGEBUNGEN: Brandenburg erlaubt ab 27. April wieder Demos bis zu 20 Teilnehmern und ab 4. Mai Versammlungen im Freien mit bis zu 50 Teilnehmern, nach behördlicher Genehmigung. Ab 18. Mai gelten in Sachsen keine Teilnehmergrenzen mehr bei Kundgebungen.

• SONSTIGES: Nordrhein-Westfalen erlaubt ab 11. Mai kleinere Konzerte und Krankenhaus- und Pflegeheimbesuche und öffnet ab 30. Mai Kinos, Theater und Opern, Fachmessen und Fachkongresse. Schleswig-Holstein erlaubt ab 18. Mai Veranstaltungen mit bis zu 50 Teilnehmern. Mecklenburg-Vorpommern gestattet ab 25. Mai Familienfeiern mit bis zu 30 Menschen. Thüringen will ab 6. Juni den landesweiten Lockdown aufheben und durch lokale Maßnahmen ablösen. Es geht um Mundschutz, Mindestabstand und Kontaktbeschränkungen. Nach der Bund-Länder-Einigung vom 26. Mai können die Bundesländer die grundsätzlich bis 29. Juni bestehenden Kontaktbeschränkungen ab dem 6. Juni lockern, z.B. in der Form, dass sich künftig maximal zehn Menschen in der Öffentlichkeit treffen dürfen.

145. Was können wir von anderen Ländern lernen?

Nach China haben wohl auch Italien, Österreich, Frankreich, Spanien, Großbritannien und die USA zu lange mit konsequenten Gegenmaßnahmen gewartet. Die deutschen Behörden unterschätzten das Virus ebenfalls und versäumten etwa die rechtzeitige Beschaffung von Schutzausrüstung. Aber das Infektionsgeschehen erreichte

Deutschland erst einige Wochen nach Italien und Österreich, und die Bundesregierung nutzte diesen zeitlichen Vorsprung, um die Intensivversorgung auszubauen und von den Erfahrungen anderer Länder mit Corona zu lernen. Die deutschen Schutzmaßnahmen entsprachen ungefähr denen, die andere mittel- und westeuropäische Länder ergriffen. Sie und auch ihre spätere schrittweise Lockerung wurden im Ausland als angemessen gewürdigt. Die Maskenpflicht führte Deutschland Ende April ein, als es eine solche in süd-, west- und nordeuropäischen Ländern noch gar nicht gab.

Der britische und der US-amerikanische Weg des bewusst späten Reagierens waren keine ernsthafte Alternative. Berlin hätte sich noch an dem schwedischen Modell orientieren können. auch andere Reaktionsmöglichkeiten gegeben. Schweden hielt Kindergärten, Schulen, Geschäfte und Restaurants offen. Bis Ende März waren noch Veranstaltungen mit bis zu 500 Teilnehmern erlaubt, dann bis 50. Menschen mit grippeähnlichen Symptomen und Angehörige einer Risikogruppe bleiben zu Hause. Die Kritik an dieser lockeren Haltung wuchs erst, als die Zahl der Toten Anfang April deutlich zunahm. Bis 24. April zählte Schweden 2152 Corona-Tote und damit im Verhältnis zur Einwohnerzahl dreimal so viele wie Deutschland. Die schwedische Politik ist nicht unvorsichtiger, aber sie setzt mehr auf Freiwilligkeit. Auch wenn die Letalitätsrate dort höher ist, findet der Kurs bei den meisten Schweden Zustimmung. Sie halten ihn für nachhaltiger, will heißen: für länger durchzuhalten. In Deutschland ist Ende April eine gewisse Corona-Müdigkeit eingekehrt, die insgesamt zu mehr Nachlässigkeiten. Das Gebot, unnötige Wege zu vermeiden, wird anscheinend häufiger als früher unterlaufen. Ein Land, das von Beginn an rigide durchgriff, war der Stadtstaat Singapur. Dort blieb die Bevölkerung durch die anfänglich strikte Kontaktsperre weitgehend frei vom Virus. Nach der Lockerung aber fand das Virus erneut viele Opfer, da natürlich keinerlei Immunität entstanden war.

Die am stärksten in Deutschland diskutierte Alternative zum Shutdown bestand in einer nach Zielgruppen unterschiedlichen Politik. Dies hätte allerdings beispielsweise Senioren wohl in eine noch größere Isolation gebracht, was nicht im Sinne der Regierung war. Als auf jeden Fall richtig erkannt wurde der Weg, Infektionsketten nachzuvollziehen und durch Quarantäne zu unterbrechen.

Taiwan war durch die Erfahrungen mit der SARS-Pandemie gut vorbereitet. Die Maßnahmen des Inselstaats Anfang 2020 wurden von der WHO als vorbildlich gewürdigt. Für Fluggäste aus Wuhan waren sofort Fieberkontrollen eingeführt worden. Im Februar und März erfolgten Einreisesperren für Ausländer. Weil die Bevölkerung früh über Risiken und Vorbeugung informiert wurde und sich mit den in jedem Haushalt bevorrateten Mund-Nase-Masken gegenseitig schützte, brauchte das öffentliche Leben kaum eingeschränkt werden. Auch verfolgten und unterbrachen die Behörden umgehend Infektionsketten und brachten Kontaktpersonen in Quarantäne.

Neben der Mundschutz-Pflicht in öffentlichen Verkehrsmitteln gelten Abstandsregeln, auch in Restaurants. Bei Schülern wird jeden Morgen Temperatur gemessen. Ebenso gibt es Fieberkontrollen an Eingängen zu Geschäften, Banken und Postämtern und am Flughafen und in Bahnhöfen. Versammlungen sind in Räumen bis 100 Personen erlaubt, im Freien bis 500 Besucher. Bereits Ende März war auch in der Volksrepublik China die Epidemie unter Kontrolle.

146. Corona kurios – Welche Blüten treibt die Pandemie?

Die US-Gesundheitsbehörde riet am 26. März von Sex mit Fremden ab und verwies auf Möglichkeiten der neuen Medien wie Video-Dates, Sexting per mobilem Messaging oder Chatrooms – was nicht jeden befriedigen dürfte.

Die Regierung von Panama beschloss, dass ab 1. April Frauen und Männer nur noch an unterschiedlichen Tagen das Haus verlassen dürfen. Zu viele Bürger hätten die bisher geltende Ausgangsbeschränkung missachtet, hieß es zur Begründung. Einige andere Länder folgten dem Beispiel. An welchen zwei Stunden am Tag die Panamesen dann raus dürfen, hängt übrigens von der letzten Ziffer ihrer Ausweisnummer ab.

In manchen Bundesländern dürfen Lebensmittel nicht im Umkreis von 50 Metern von der Verkaufsstelle verzehrt werden. Wer das tut, wird in Nordrhein-Westfalen mit 200 Euro zur Kasse gebeten. Auch Niedersachsen verzettelte sich mit solch einer Landesverordnung, die das Essen und Trinken nahe des ausgebenden Restaurants oder Cafés untersagt. Eisdielen dürfen jedoch Speiseeis an der Scheibe verkaufen. Die aufkommende Frage, wie man denn nun sein Eis essen solle, beantwortete das Land am 20. April online so: Mit Blick auf Eisdielen dürfe „durch erstes rasches Lecken an einer Eiskugel während des zügigen Sichentfernens von der Eisdiele ein Heruntertropfen des Eises auf Kleidung oder Fußboden verhindert werden". Für den „Verzehr des Resteises" gelte dann jedoch der 50-Meter-Abstand, heißt es abschließend mit einem Zwinker-Smiley.

147. Was kann uns Mut machen?

„In der Krise beweist sich der Charakter", hat Altkanzler Helmut Schmidt einmal erklärt. Auch in Corona-Zeiten kommt es auf den Charakter an. Aus Katastrophenfilmen kennen wir Panik, plündernde Mobs und rücksichtslosen Kampf um begehrte Güter. Statt solcher Szenen erlebten wir in Deutschland viel Empathie, Rücksichtnahme und Einfallsreichtum. Die meisten zeigten in dieser Ausnahmelage Ruhe und Besonnenheit. Die Angst um den eigenen Job hat Umfragen zufolge kaum zugenommen, worin sich die Wirksamkeit von Kurzarbeitergeld und anderen staatlichen Hilfen zeigt. Und die ältere Generation, die sich besonders wegen drohender schwerer Krankheitsverläufe sorgen müsste, lässt sich nicht verängstigen und kommt mit der Situation überwiegend gut klar. Katastrophenschützen haben in der Bundesrepublik die Erfahrung gemacht, dass drei Viertel der Verhaltensweisen nach Großschadensereignissen selbstlos und konstruktiv waren und ein Viertel eher von Egoismus geprägt waren (Kling S. 48). Wenn alle von einem Schaden betroffen sind, wächst der Zusammenhalt, gegenseitige Hilfe wird selbstverständlich. Der gewohnte Alltag rückt in den Hintergrund, was neue Energien freisetzt. In der Corona-Zeit sitzen wir alle in einem Boot, müssen mit denselben Einschränkungen leben und möchten alle diese Situation überstehen. Das schweißt zusammen, schafft Gemeinschaft. Eine schöne Geste aus Italien wurde in mehreren Städten übernommen: Dort verabredeten sich Menschen, von ihren Balkonen aus denjenigen zu applaudieren, die die medizinische Versorgung am Laufen halten. Wir bemerken in der Corona-Zeit auch steigende Umfragewerte für die Regierung und sinkende für die Opposition. Die Menschen scharen sich sozusagen hinter die Verantwortungsträger. Die kritischen Infrastrukturen haben gehalten, auf die krisenrelevanten Berufe war Verlass. Das Vertrauen in das Funktionieren der Gesellschaft ist eher gestärkt, auch wenn seit Ende April immer mehr Menschen für ein Ende der Corona-Maßnahmen demonstrieren. Die allermeisten Bürger haben sich an die Ratschläge und Vorgaben zur Infektionsvorbeugung gehalten und die Schließung von Gemeinschafts-, Unterhaltungs- und Sporteinrichtungen sowie Geschäften erduldet, auf die gewohnte Urlaubsreise und vieles mehr verzichtet. Dass nun mit Hilfe dieser Disziplin die COVID-19-Welle abebbt, ist ein gemeinsamer Erfolg. Groß ist die Zuversicht, dass bald Impfstoff oder Medizin gegen Corona gefunden werden. Wenn es soweit ist, dürfte dies weltweit Freude auslösen. Dem Katastrophensoziologen Lars Clausen zufolge tendieren Gesellschaften dazu, sich nach einem stark beschleunigten und umfassenden Wandel wieder neu zu formieren und zu stabilisieren. Jede Krise bietet die Chance, gestärkt aus ihr hervorzugehen – etwa, wenn man die schwierige Zeit gemeinsam gut gemeistert hat und für kommende Herausforderungen besser gewappnet ist.

Es gibt eine ganze Reihe positiver Trends in der Corona-Zeit. Eine YouGov-Umfrage zwischen dem 3. und dem 6. April 2020 ergab, dass 61 Prozent der Deutschen in der Zeit der Kontaktbeschränkungen mehr mit Freunden und der Familie telefonierten, 27 Prozent haben alte Hobbys wiederaufgenommen und 17 Prozent neue Freizeitbeschäftigungen für sich entdeckt. 68 Prozent der Eltern spielten mehr mit ihren Kindern. Das Abbremsen des öffentlichen Lebens ließ plötzlich Platz zum Reflektieren: Was ist eigentlich wirklich wichtig im Leben? Die gesundheitliche Bedrohung lässt materielles Streben eine Zeitlang in den Hintergrund treten. Die eigene Familie wird stärker wertgeschätzt, denn auf sie ist auch in Notzeiten Verlass.

Die Welt nach Corona wird eine andere sein, und sie wird teilweise besser sein. Der erzwungene Digitalisierungsschub macht unser Land zukunftsfähiger. Viele Firmen haben sich durch ihren Pandemieplan auf ihre Kernkompetenz konzentriert, manche sind flexibler und effizienter geworden. Bestimmt werden Homeoffice und Videokonferenzen, nun in vielen Firmen eingeübt, später zahlreich beibehalten werden. Wie viele Geschäftsreisen und wie unendlich viele Kilometer, die Berufspendler täglich zurückgelegen, können dadurch eingespart werden? Auch private Flüge – etwa das Weekend-Shopping in London – werden stärker hinterfragt werden. All das entlastet unsere Verkehrsnetze, verbessert die Luftqualität und trägt zum Schutz von Klima und Natur bei.

Ob die eindrucksvoll demonstrierte Rücksichtnahme und Solidarität in der Bevölkerung in der „Zeit danach" bleiben? Hoffen darf man ja. Und schließlich haben wir alle in diesen Monaten viel über Viren, Grippe und Lungenentzündung gelernt. Wir wissen nun besser, wie wir uns und andere vor einer Ansteckung schützen können. Das nächste Virus wird nicht mehr ganz so leichtes Spiel haben.

148. Verschwindet das Virus im Sommer?

Wenn es wärmer wird, könnten sich Übertragungs- und Erkrankungsraten reduzieren wie bei der echten Grippe und Erkältungen. Ob die Aktivität des neuen Coronavirus mit steigenden Temperaturen nachlässt, ist aber bisher nicht bewiesen. Immerhin fallen ausgehustete Tröpfchen in wärmerer und feuchterer Luft schneller zu Boden, wo sie nicht mehr eingeatmet werden können. Vermutlich wird außerdem die erhöhte UV-Strahlung an Oberflächen haftende Coronaviren schneller zerstören. Ein gänzliches Verschwinden von SARS-CoV-2 werden saisonale Faktoren allein aber sicherlich nicht bewirken können. Im Sommer halten sich die Menschen zwar mehr im Freien auf und sitzen nicht so oft dicht gedrängt in Häusern und Büros. Andererseits besuchen dann tendenziell auch mehr Personen die beliebten Hotspots. Am 7. Mai erklärte das RKI, eine zweite Infektionswelle müsse schlimmstenfalls schon für Ende Juli/Anfang August erwartet werden.

149. Kehrt das Coronavirus im Herbst oder Winter zurück?

Das wäre gut möglich. Vermutlich wird es Phasen mit stärkerer und solche mit schwächerer Verbreitung von SARS-CoV-2 geben. Dies dürfte regional unterschiedlich auftreten. Jedenfalls legen die Langzeiterfahrungen mit anderen Viren nahe, dass eine Pandemie zwei bis drei Jahre dauert. Wir sollten damit rechnen, dass das neue Coronavirus mehrfach Ansteckungswellen auslösen kann. Die Sicherheitsmaßnahmen dürfen daher nicht gleich abgeschafft werden, wenn die Pandemie abzuebben scheint. Einer Harvard-Studie zur Folge könnten in den USA bis 2022 immer wieder Phasen von sozialer Distanz notwendig sein (Science 14.4.2020). Die Wissenschaftler um Stephen Kissler gingen bei ihren Computermodellen von der Annahme aus, dass COVID-19 wie die gewöhnliche Grippe künftig saisonal auftreten könnte – mit höheren Ansteckungsraten in den kälteren Monaten. Flaut eine Pandemie ab, dann besteht zunächst noch die Möglichkeit wiederkehrender Infektionswellen. Erst in der postpandemischen Phase entspricht die Krankheitshäufigkeit einer saisonalen Grippe.

Das Robert-Koch-Institut geht von einer zweijährigen Dauer der weltweiten Infektionen aus. Die Bundesregierung jedenfalls will ein gleichzeitiges Hochschnellen von Corona- und Influenza-Infektionen verhindern. Gesundheitsminister Spahn kündigte am 28. April an, dass der Bund für die kommende Grippesaison 2020/21 4,5 Millionen Dosen Grippe-Impfstoff beschaffen wolle. Bislang wissen wir schlicht nicht, ob SARS-CoV-2 große Teile der Weltbevölkerung infizieren wird. Mit Glück kann das neuartige Coronavirus von sich aus an Virulenz verlieren – entsprechende Mutationen sind gegen Ende mancher Epidemie beobachtet worden.

150. Auf welche Folgen der Pandemie müssen wir uns einstellen?

Bei geöffneten Kindergärten wird es wichtig bleiben, sich der Infektionsgefahr bewusst zu sein und bei Krankheitszeichen das Kind zu Hause lassen. Weiter sollten Kindergarten- und Schulkinder ältere Menschen möglichst nur im Freien treffen und nicht in einer Wohnung. In Kitas wird es kleinere Gruppen geben, wie auch der Unterricht in der Schule noch für absehbare Zeit in kleineren Gruppen erfolgen muss. Beim Einkaufen und beim Friseur werden sich die Kunden noch für längere Zeit an die Hygienevorschriften halten müssen. Friseure, Gastwirte und Campingplatzbesitzer führen Anwesenheitslisten mit Namen der Gäste, Uhrzeit des Besuchs und Kontaktdaten. Ähnlich sind vermutlich noch länger zum Beispiel Besucher eines Gottesdienstes aufzulisten. Reisende müssen sich ebenfalls an Auflagen gewöhnen. Durch strikte Hygiene und Social Distancing muss jeder seinen Beitrag leisten, den Kampf gegen SARS-CoV-2 zu gewinnen.

Die milliardenschweren Finanzhilfen des Bundes sind bereits angeführt worden. Im Juni 2020 will die Bundesregierung darüber hinaus ein großes Konjunkturpaket beschließen, das einen Familienbonus von etwa 300 Euro je Kind und weitere Maßnahmen zur Stärkung des Konsums und der Digitalisierung enthalten soll, dazu Unterstützung von Firmen und besonders von Corona betroffenen Branchen wie Gastronomie und Touristik. Diese enormen ungeplanten Mehrkosten treffen zusammen mit dem Entstehen des größten Steuerlochs der bundesrepublikanischen Geschichte. Neben einer höheren Verschuldung wird dies nur mit diversen Steuererhöhungen finanzierbar sein.

Aufgrund der ungleichmäßigen Verbreitung des Virus in Deutschland sind einige Landkreise stärker von den Folgen betroffen als andere. Die Beschränkungen und möglichen Lockerungen können daher je nach Bundesland und sogar Kreis unterschiedlich sein, je nach der regionalen Dynamik des Infektionsgeschehens und der Klinikkapazitäten. Solange wir weder wirksame Medikamente noch einen Impfstoff haben, solange bleibt die Corona-Gefahr bestehen und kann sich jederzeit neu entwickeln. Selbst nach Entwicklung einer Impfung wird es lange dauern, bis der Impfstoff in ausreichender Zahl für den Weltbedarf produziert werden kann. Das medizinische und pflegerische Personal dürfte dann auch Vorrang haben. Bis das Virus medizinisch besiegt ist, werden wir umsichtig und diszipliniert bleiben müssen.

184

ANHANG

Checklisten
Bund-Länder-Beschlüsse
Quellen und Literatur
Nützliche Links und Dokumente
Hilfe finden am Telefon

Checkliste 1
LEBENSMITTELVORRAT FÜR 14 TAGE (1 Person)

Artikel	Vorhandene Menge	Noch zu beschaffen
28 Liter Mineralwasser**	Liter	Liter
3 Liter H-Milch 3,5 Prozent Fett	Liter	Liter
200 ml Zitronensaft	ml	ml
250 g Kaffeepulver***	g	g
125 g schwarzer Tee trocken******	g	g
1000 g Vollkornbrot	g	g
1000 g rohe Kartoffeln	g	g
750 g Hafer-/Getreideflocken***	g	g
500 g rohe Nudeln***	g	g
400 g Zwieback***	g	g
250 g roher Reis	g	g
900 g Erbsen und Möhren in Dosen****	g	g
800 g Bohnen in Dosen****	g	g
700 g Rotkohl in Dosen****	g	g
700 g Sauerkraut in Dosen****	g	g
500 g frische Zwiebeln	g	g
400 g Spargel in Gläsern	g	g
400 g saure Gurken im Glas	g	g
400 g Rote Bete	g	g
400 g Mais in Dosen****	g	g
400 g Pilze in Dosen****	g	g
1000 g Frischobst (Apfel, Birne, Banane, Orange roh)	g	g
700 g Kirschen in Gläsern	g	g
350 g Mandarinen in Dosen****	g	g

350 g Ananas in Dosen****	g	g
250 g Birnen in Dose****	g	g
250 g Aprikosen in Dose****	g	g
250 g Trockenpflaumen	g	g
200 g Rosinen	g	g
200 g Haselnusskerne	g	g
700 g Hartkäse*	g	g
10 Eier Gewichtsklasse M	Stück	Stück
360 g Dauerwurst (z.B. Salami)	g	g
300 g Kalbsleberwurst Glas od. Dose	g	g
300 g Bockwürstchen Glas od. Dose	g	g
300 ml Öl (z.B. Sonnenblumen)**	ml	ml
250 g Corned Beef in Dose*****	g	g
150 g Tunfisch in Dose*****	g	g
100 g-Dose Ölsardinen*****	g	g
100 g-Dose Heringsfilet in Soße*****	g	g
250 g Butter und/oder Margarine	g	g
Zucker, Salz, Gewürze*******		

*ca. 6 Monate haltbar
** 6-12 Monate haltbar
*** 1 Jahr haltbar
**** 1-2 Jahre haltbar
***** 2 Jahre haltbar oder angegebenes Haltbarkeitsdatum
****** 3 Jahre haltbar
******* unbegrenzt lagerfähig

Checkliste 2
HYGIENE FÜR 14 TAGE (1 Person)

Artikel oder Maßnahme	Vor-handen	Ergän-zen
150 g Seife/Handreiniger	O	O
25 ml Desinfektionsmittel	O	O
185 ml Shampoo	O	O
100 ml Duschgel	O	O
20 ml Deodorant	O	O
35 ml Gesichtscreme	O	O
20 ml Handcreme	O	O
1 Lippenpflegestift	O	O
7 Waschlappen	O	O
3 Handtücher	O	O
2 waschbare Mund-Nasen-Schutze	O	O
1 Zahnbürste	O	O
18 ml Zahnpasta	O	O
1 Kamm	O	O
1 Bürste	O	O
1 Nagelschere	O	O
1 Nagelfeile	O	O
1 Rasierer	O	O
50 Papiertaschentücher	O	O
3 Rollen Toilettenpapier	O	O
2 Rollen Küchenpapier	O	O
2 Paar Haushaltshandschuhe (Latex/Nitril)	O	O
10 Einweghandschuhe (z.B. Vinyl)	O	O
bei Bedarf Einweggeschirr und -besteck	O	O
15 Müll- und Abfallbeutel	O	O
350 ml Waschmittel	O	O

Checkliste 3
HAUSAPOTHEKE

Artikel	Vorhanden	Noch besorgen
Kfz-Verbandskasten*	O	O
Fieberthermometer	O	O
Wunddesinfektionsmittel	O	O
Wund- und Heilsalbe	O	O
Insektenstichsalbe/Sonnenbrandsalbe	O	O
Augenklappe	O	O
Kohletabletten gegen Durchfall**	O	O
Beruhigungsmittel (Baldrian)	O	O
Schmerztabletten	O	O
Halsschmerztabletten	O	O
Grippevorbeugung	O	O
Augentropfen	O	O
Abführmittel	O	O
Ärztlich verordnete Medikamente	O	O
Zeckenpinzette und Zeckenkarte	O	O
Breite Pinzette	O	O
Gummiwärmflasche	O	O
Elektrolytmischung zur Rehydrierung	O	O
Kamillentee	O	O
Kalzium- und Vitamintabletten	O	O
Einweg-Schutzhandschuhe	O	O
Entkeimungstabletten für die Aufbereitung von Wasser	O	O
Schere	O	O
Sicherheitsnadeln	O	O

Decken	O	O
Handtücher	O	O
Taschenlampe mit Batterien	O	O
Signalpfeife	O	O

* nach DIN13164, sollte bei Kauf noch vier Jahre haltbar sein
** die aufgeführten Basismedikamente ggf. nach Beratung in der Apotheke

Checkliste 4
DOKUMENTE

Dokument oder Maßnahme	Vorbe-reitet	Noch drum kümmern
Personalausweis gültig	O	O
Reisepass gültig	O	O
Familienurkunden oder -stammbuch	O	O
Sparbuch	O	O
Bankunterlagen	O	O
Grundbuchauszug/Hausakte oder Mietvertrag	O	O
Einkommens-/Rentenbescheinigungen	O	O
Versicherungspolicen	O	O
Verträge	O	O
Fahrzeugschein/-brief	O	O
Führerscheine	O	O
Zeugnisse	O	O
Gesundheitskarte	O	O
ggf. Vorsorgevollmacht	O	O
Patientenverfügung	O	O
Wichtige Dokumente kopiert und Kopien andernorts hinterlegt	O	O

Checkliste 5
KRANKENHAUSTASCHE

Dokument oder Artikel	Erle-digt	Noch drum kümmern
Personalausweis gültig	O	O
Gesundheitskarte	O	O
Überweisung	O	O
ggf. Arztberichte, Laborbefunde	O	O
Kontaktdaten des Hausarztes	O	O
Kontaktdaten eines Angehörigen	O	O
Evtl. Zuzahlungsbefreiung Ihrer Krankenkasse	O	O
ggf. Kostenübernahme vom Sozialamt	O	O
ggf. Beleg einer Krankenhaus-Zusatzversicherung	O	O
Patientenverfügung	O	O
ggf. Vorsorgevollmacht	O	O
Impfpass	O	O
Röntgenpass (Eintragungen seit 2019 freiwillig)/Allergiepass u.ä.	O	O
Portemonnaie	O	O
Medikamente, die Sie ständig einnehmen	O	O
Unterwäsche	O	O
Schlafsachen	O	O
Bademantel	O	O
weite Hosen	O	O
weite Shirts	O	O
Pullover/Strickjacke	O	O
Jogginganzug/Trainingsanzug	O	O

Badelatschen oder abwaschbare Haus-schuhe	O	O
rutschfeste Turnschuhe	O	O
Handtücher	O	O
Kulturtasche mit Waschlappen, Zahn-bürste, Zahncreme, Shampoo, Duschgel, Bürste/Kamm, Cremes, Deo, Lippenpflege, Nagelschere und -feile, Fön, Rasierer, ggf. Tampons u. Binden, Haargummis, -spange	O	O
Wäschebeutel	O	O
Papiertücher	O	O
ggf. Fern- und Nahbrille	O	O
Snacks, Lieblingsgetränk	O	O
Ohrstöpsel, Schlafmaske	O	O
Handy (falls in Ihrer Klinik erlaubt)	O	O
Adressverzeichnis	O	O
Lektüre oder Laptop	O	O
evtl. Schreibutensilien für Briefe, Post-karten etc. oder mp3-Player	O	O

Checkliste 6
BETRIEBLICHE PANDEMIEPLANUNG

Maßnahme	Erle-digt	Noch drum kümmern
VOR DER PANDEMIE		
Krisen- und Planungsstab bilden	O	O
Betriebsrat einbeziehen	O	O
Kernfunktionen des Betriebs festlegen	O	O
Mindestbesetzung bestimmen	O	O
Absprachen mit Kunden u. Lieferanten	O	O
Personalversorgung planen	O	O
Versorgung des Unternehmens sichern	O	O
Atemschutzmasken beschaffen	O	O
Handschuhe beschaffen	O	O
Reinigungs- und Desinfektionsmittel beschaffen	O	O
Arzneimittel beschaffen	O	O
Kommunikationsnetz aufbauen	O	O
Mitarbeiter informieren	O	O
Mitarbeiter in hygienischem Verhalten unterweisen	O	O
Kompetenzen zuweisen	O	O
Besondere Arbeitsabläufe festlegen	O	O
WÄHREND DER PANDEMIE		
Betrieblichen Pandemieplan aktivieren	O	O
Produktion anpassen (Minimalbetrieb)	O	O
Persönliche Kontakte reduzieren	O	O
IT sichern	O	O
Werkschutz aktivieren	O	O

Personalbedarf anpassen	O	O
Versorgung des Personals sichern	O	O
Verhaltensregeln im Umgang einhalten	O	O
Mitarbeiter regelmäßig informieren	O	O
Information von Fachbehörden zur Pandemie einholen	O	O
Netzwerk mit anderen Betrieben nutzen	O	O
Betriebszugang steuern	O	O
Hilfsmittel u. Medikamente ausgeben	O	O
NACH DER PANDEMIE		
Beschäftigte und Kunden über Rückkehr zur Normalität informieren	O	O
Kooperation mit vorübergehenden Geschäftspartnern beenden	O	O
Produktion bzw. Dienstleistungen und innerbetriebliche Abläufe normalisieren	O	O
Pandemiefolgen für den Betrieb auswerten und Pandemieplan anpassen	O	O

Bund-Länder-Beschlüsse

Coronavirus-Infektionen (Besprechung der Bundeskanzlerin mit den Regierungschefinnen und Regierungschefs der Länder vom 12. März 2020)

Die Bundeskanzlerin und die Regierungschefinnen und Regierungschefs der Länder fassen folgenden Beschluss:

I.   Die weltweite Verbreitung des Coronavirus (SARS-CoV-2) mit seinem dynamischen Infektionsgeschehen stellt für die gesamte globale Gemeinschaft und damit auch für Deutschland eine sehr große Herausforderung dar. Die Weltgesundheitsorganisation hat das Coronavirus mittlerweile als Pandemie eingestuft. Wie auf eine solche Verbreitung einer neuartigen Infektionskrankheit zu reagieren ist, lässt sich nicht vorab bis ins kleinste Detail planen. Doch Deutschland ist gut für eine solche Situation gerüstet – mit den fachlichen Expertinnen und Experten des Robert Koch-Instituts und anderer Forschungsstellen, mit einem Gesundheitssystem, das weltweit zu den besten gehört, und mit einer erarbeiteten Wirtschaftskraft, die uns schnelle und wirkmächtige Reaktionen ermöglicht.

II.   Mit dem Ziel, dass sich die Krankenhäuser in Deutschland auf den erwartbar steigenden Bedarf an Intensiv- und Beatmungskapazitäten zur Behandlung von Patienten mit schweren Atemwegserkrankungen durch Covid-19 konzentrieren, sollen, soweit medizinisch vertretbar, grundsätzlich alle planbaren Aufnahmen, Operationen und Eingriffe in allen Krankenhäusern ab Montag auf unbestimmte Zeit verschoben und ausgesetzt werden. Die Bundesregierung stellt durch gesetzliche Maßnahmen zügig sicher, dass die dadurch entstehenden wirtschaftlichen Folgen für die Krankenhäuser seitens der gesetzlichen Krankenkassen ausgeglichen werden und kein Krankenhaus dadurch ins Defizit kommt. Im Gegenzug gibt es zusätzlich einen Bonus, für jedes Intensivbett, das zusätzlich provisorisch geschaffen und vorgehalten wird.

III.   Bund und Länder fordern die Krankenhäuser auf, jetzt den Einsatz der Ärztinnen und Ärzte, des Pflegepersonals und des weiteren Personals, das notwendig ist, um intensivpflichtige Menschen zu behandeln, so zu planen und zu erhöhen, dass die Durchhaltefähigkeit der Intensiv- und Beatmungsbetten in ihren Kliniken gestärkt wird.

IV. Bund und Länder verstärken ihre Bemühungen, durch Covid-19 besonders gefährdete Bevölkerungsgruppen, insbesondere Ältere, Hochbetagte und chronisch Kranke, aufzuklären, ihnen Handlungsempfehlungen zu geben und sie zu schützen. Dazu gehören, gestützt auf die vorhandenen Pandemieplanungen, Konzepte für Pflegeeinrichtungen und ambulante Pflegedienste, gezielte Informationen an diese Bevölkerungsgruppen und Empfehlungen für präventive Maßnahmen im alltäglichen Umgang miteinander.

V. Während der Stärkung der Intensiv- und Beatmungskapazitäten in den Krankenhäusern und der Vorbereitung besonderer Schutzkonzepte für die besonders gefährdeten Bevölkerungsgruppen gelten verstärkte Maßnahmen zur Verlangsamung der Ausbreitung des Corona-Virus in Deutschland. Dazu zählen die Absage von Veranstaltungen mit mehr als 1.000 Teilnehmern sowie ein Verzicht auf alle nicht notwendigen Veranstaltungen unter 1.000 Teilnehmern. In Regionen und Bundesländern mit sich abzeichnendem dynamischen Ausbruchsgeschehen ist die Verschiebung des Semesterbeginns an den Universitäten sowie die vorübergehende Schließung von Kindergärten und Schulen, etwa durch ein verlängerndes Vorziehen der Osterferien, eine weitere Option. Die Entscheidung dazu obliegt jeweils den Ländern.

VI. Das Coronavirus hat erhebliche Folgen auch für die Wirtschaft. Deutschland ist besonders stark in den internationalen Handel und in globale Lieferketten integriert und daher von der globalen Ausbreitung des Virus erheblich betroffen. Nachfrageausfälle, unterbrochene Lieferketten und Produktionsstörungen treffen viele Branchen ebenso hart wie die in Deutschland zur Eindämmung der Ausbreitung des Virus zu ergreifenden Maßnahmen. Es ist daher zu begrüßen, dass der Bund mit Verbesserungen bei der Kurzarbeit und der Ankündigung von Liquiditätshilfen für betroffene Unternehmen erste Maßnahmen ergriffen hat, um möglichst schnell kurzfristige Folgen für Unternehmen abzufedern.

VII. Bund und Länder werden bei der Bewältigung der Epidemie eng zusammenarbeiten. Neben den laufenden Kontakten insbesondere der Gesundheits- und Innenminister sowie auf der Ebene der Krisenstäbe von Bund und Ländern und des interministeriellen Koordinierungsgremiums nach dem Pandemieplan des Bundes werden der Chef des Bundeskanzleramtes und die Chefinnen und Chefs der Staats- und Senatskanzleien der Länder sich fortlaufend abstimmen.

VIII. Deutschland strebt in Europa und insbesondere mit seinen Nachbarländern in der grenzüberschreitenden Zusammenarbeit eine enge Kooperation an. Diese Epidemie kann nur mit einer gemeinsamen Strategie gut gemeistert werden.

Leitlinien zum Kampf gegen die Corona-Epidemie (Vereinbarung zwischen Bundesregierung und den Bundesländern vom 16.3.2020)

1. Vorschriften für den Einzelhandel
Ausdrücklich soll der Einzelhandel nicht geschlossen werden bei:
- Lebensmittel
- Wochenmärkte
- Abhol- und Lieferdienste
- Getränkemärkte
- Apotheken
- Sanitätshäuser
- Drogerien
- Tankstellen
- Banken
- Sparkassen
- Poststellen
- Friseure
- Reinigungen
- Waschsalons
- Zeitungsverkauf
- Bau- und Gartenbau
- Tierbedarfsmärkte
- Großhandel
...Dienstleister und Handwerker können ihrer Tätigkeit weiterhin nachgehen...

2. Schließungen im Publikumsverkehr
Für den Publikumsverkehr sollen folgende Schließungen gelten:
- Bars, Clubs, Diskotheken, Kneipen und ähnliche Einrichtungen
- Theater, Opern Konzerthäuser und ähnliche Einrichtungen
- Messen Ausstellungen, Kinos, Freizeit- und Tierparks und Anbieter von Freizeitaktivitäten (drinnen und draußen), Spezialmärkte, Spielhallen, Spielbanken, Wettannahmestellen und ähnliche Einrichtungen
- Prostitutionsstätten, Bordelle und ähnliche Einrichtungen
- der Sportbetrieb auf und in allen öffentlichen und privaten Sportanlagen, Schwimm- und Spaßbädern, Fitnessstudios und ähnliche Einrichtungen
- alle weiteren, nicht an anderer Stelle dieses Papiers genannten Verkaufsstellen des Einzelhandels, insbesondere Outlet-Center
- Spielplätze

3. Weitere Verbote
Weiter haben sich die Bundesregierung und die Länder darauf geeinigt Folgendes zu verbieten:
- Zusammenkünfte in Vereinen und sonstigen Sport- und Freizeiteinrichtungen sowie die Wahrnehmung von Angeboten in Volkshochschulen, Musikschulen und sonstigen öffentlichen und privaten Bildungseinrichtungen im außerschulischen Bereich sowie Reisebusreisen
- Zusammenkünfte in Kirchen, Moscheen, Synagogen und die Zusammenkünfte anderer Glaubensgemeinschaften

Erweiterung der beschlossenen Leitlinien zur Beschränkung sozialer Kontakte (Besprechung der Bundeskanzlerin mit den Regierungschefinnen und Regierungschefs der Länder vom 22.3.2020)

Beschluss

I. Die Bürgerinnen und Bürger werden angehalten, die Kontakte zu anderen Menschen außerhalb der Angehörigen des eigenen Hausstands auf ein absolut nötiges Minimum zu reduzieren.

II. In der Öffentlichkeit ist, wo immer möglich, zu anderen als den unter I. genannten Personen ein Mindestabstand von mindestens 1,5 m einzuhalten.

III. Der Aufenthalt im öffentlichen Raum ist nur alleine, mit einer weiteren nicht im Haushalt lebenden Person oder im Kreis der Angehörigen des eigenen Hausstands gestattet.

IV. Der Weg zur Arbeit, zur Notbetreuung, Einkäufe, Arztbesuche, Teilnahme an Sitzungen, erforderlichen Terminen und Prüfungen, Hilfe für andere oder individueller Sport und Bewegung an der frischen Luft sowie andere notwendige Tätigkeiten bleiben selbstverständlich weiter möglich.

V. Gruppen feiernder Menschen auf öffentlichen Plätzen, in Wohnungen sowie privaten Einrichtungen sind angesichts der ernsten Lage in unserem Land inakzeptabel. Verstöße gegen die Kontakt-Beschränkungen sollen von den Ordnungsbehörden und der Polizei überwacht und bei Zuwiderhandlungen sanktioniert werden.

VI. Gastronomiebetriebe werden geschlossen. Davon ausgenommen ist die Lieferung und Abholung mitnahmefähiger Speisen für den Verzehr zu Hause.

VII. Dienstleistungsbetriebe im Bereich der Körperpflege wie Friseure, Kosmetikstudios, Massagepraxen, Tattoo-Studios und ähnliche Betriebe werden geschlossen, weil in diesem Bereich eine körperliche Nähe unabdingbar ist. Medizinisch notwendige Behandlungen bleiben weiter möglich.

VIII. In allen Betrieben und insbesondere solchen mit Publikumsverkehr ist es wichtig, die Hygienevorschriften einzuhalten und wirksame Schutzmaßnahmen für Mitarbeiter und Besucher umzusetzen.

IX. Diese Maßnahmen sollen eine Geltungsdauer von mindestens zwei Wochen haben.

Positivliste der noch erlaubten Verkaufsstellen im April 2020 am Beispiel Schleswig-Holstein (Festlegungen zur Corona-Verordnung Stand 2.4.2020)

Erlaubte Verkaufsstellen nach § 6 Absatz 1 und erlaubten Dienstleistungs-, Behandlungs- und Handwerkstätigkeiten nach § 6 Absatz 2 der SARS-CoV-2-Bekämpfungsverordnung.

... Bei der folgenden Auflistung ist berücksichtigt, dass Dienstleister, Handwerker und Werkstätten generell weiter ihrer Tätigkeit nachgehen können.

Das gilt auch für Tätigkeiten der Gesundheits- und Heilberufe mit enger persönlicher Nähe zum Patienten, sofern sie medizinisch akut geboten sind.

Verkaufsstellen

Diese Geschäfte dürfen geöffnet bleiben:

- Abhol- und Lieferdienste einschließlich solche des Online-Handels (Logistiker, Lieferunternehmen)
- Retouren- und Lieferdienste, die von nicht zulässigen Verkaufsstellen des Einzelhandels angeboten werden
- Hinweis: Darunter sind nicht Warenabgabestellen oder sogenannte „Pick up"-Möglichkeiten zu verstehen. So ist die Abgabe von Verkaufsgegenständen (wie z.B. Möbel) am Ort der Verkaufsstelle durch die Einrichtung einer Warenabgabestelle nicht gestattet. Es ist Händlern von nicht zulässigen Verkaufsstellen des Einzelhandels lediglich gestattet, die Gegenstände nach vorheriger Bestellung (telefonisch oder elektronisch) zum Wohnort des Käufers anzuliefern bzw. Retouren dort wieder abzuholen.
- Apotheken
- Augenoptiker
- Außer-Haus-Verkauf von Gaststätten nach vorheriger telefonischer oder elektronischer Bestellung
- Bei Autobahnraststätten und Autohöfen ist eine telefonische oder elektronische Vorbestellung nicht erforderlich...
- Autovermietung, Car-Sharing
- Bäckereien
- Banken und Sparkassen
- Baumärkte [nicht in allen Bundesländern, Anm. des Autors]
- Baustoffhandel
- Beherbergungsbetriebe, Ferienwohnungen, sofern sie nicht für touristische Zwecke genutzt werden.
- Bestatter
- Brennstoffhandel
- Denkmal-, Fassaden- und Gebäudereiniger
- Drogerien
- Ersatzteilverkauf in Werkstätten, Autoteile- und Zubehörverkauf
- Fahrradwerkstätten
- Freie Berufe
- Gärtnereien

- Gartenbaubedarf
- Getränkemärkte
- Goldankauf
- Großhandel
- Hofläden
- Hörakustiker
- Hundefrisöre, wenn sichergestellt ist, dass die Tierbesitzer sich nicht in den Räumlichkeiten aufhalten
- Kfz-Werkstätten
- Kioske
- Krematorien
- Landhandel mit Dünger, Pflanzenschutz, Saatgut, landw. Maschinen, Ersatzteilen usw.
- Landmaschinenreparatur, Landmaschinenersatzteile
- Lebensmitteleinzelhandel
- Metzgereien
- Mischbetriebe des Handwerks, die daneben auch verkaufen
- Orthopädieschuhmacher
- Orthopädietechniker
- Personal Trainer, Ernährungsberater und ähnliche Dienstleister in Einzelberatung
- Pfandleiher
- Poststellen, Postagenturen und Paketstationen
- Raiffeisenmärkte
- Recyclinghöfe, Annahmestellen der Kreislaufwirtschaft
- Reisebüros, wenn kein direkter Kundenkontakt besteht
- Sanitätshäuser
- Schädlingsbekämpfer
- Schornsteinfegerbetriebe
- Schuh- und Schlüsselreparatur
- Servicestellen von Telekommunikationsunternehmen
- Spezialisierte Baustoffhändler für Farben, Bodenflächen usw.
- Spezialisierter Lebensmitteleinzelhandel (z.B. Süßwaren, Tee, Kaffee, Wein, Spirituosen)
- Stördienste aller Art, insbesondere Schlüsseldienste
- Tankstellen
- Textilreinigung
- Tierbedarf

- Verkauf von Jägereibedarf
- Verkehrsdienstleistungen aller Art einschließlich Taxi
- Warenlieferung und Montage
- Waschsalons
- Wochenmärkte
- Zahntechniker
- Zeitungs- und Zeitschriftenverkauf

Gesundheitshandwerke
Ein Gesundheitshandwerk nach § 4 Absatz 2 der Verordnung üben aus:
- Augenoptiker
- Hörakustiker
- Orthopädieschuhmacher
- Orthopädietechniker
- Zahntechniker

Gesundheitsberufe
Einen Gesundheitsberuf bzw. Heilberuf nach § 4 Absatz 2 der Verordnung üben aus:
- Alle Berufe nach dem Heilberufekammergesetz
- Altenpflegerin / Altenpfleger
- Anästhesietechnische Assistentin / Anästhesietechnischer Assistent
- Diätassistentin / Diätassistent
- Ergotherapeutin / Ergotherapeut
- Gesundheits- und Kinderkrankenpflegerin / Gesundheits- und Kinderkrankenpfleger
- Gesundheits- und Krankenpflegerin / Gesundheits- und Krankenpfleger
- Hebamme / Entbindungspfleger
- Heilpraktikerin / Heilpraktiker (allgemein und sektoral)
- Logopädin / Logopäde
- Masseurin und medizinische Bademeisterin / Masseur und medizinischer Bademeister
- Medizinisch-technische Assistentin für Funktionsdiagnostik / Medizinisch-technischer Assistent für Funktionsdiagnostik
- Medizinisch-technische Laboratoriumsassistentin / Medizinisch-technischer Laboratoriumsassistent

- Medizinisch-technische Radiologieassistentin / Medizinisch-technischer Radiologieassistent,
- Notfallsanitäterin / Notfallsanitäter (früher: Rettungsassistentin / Rettungsassistent)
- Operationstechnische Assistentin / Operationstechnischer Assistent
- Orthoptistin / Orthoptist
- Pharmazeutisch-technische Assistentin / Pharmazeutisch-technischer Assistent
- Physician Assistant
- Physiotherapeutin / Physiotherapeut
- Podologin / Podologe

Beschränkungen des öffentlichen Lebens zur Eindämmung der COVID19-Epidemie (Telefonschaltkonferenz der Bundeskanzlerin mit den Regierungschefinnen und Regierungschefs der Länder am 15. April 2020)

Beschluss

1. Die gemeinsamen Beschlüsse vom 12., 16. und 22. März 2020 ... bleiben gültig. Die daraufhin getroffenen Verfügungen werden bis zum 3. Mai verlängert, soweit im Folgenden nicht abweichende Festlegungen getroffen werden.

2. Die wichtigste Maßnahme auch in der kommenden Zeit bleibt es, Abstand zu halten. Deshalb bleibt es weiter entscheidend, dass Bürgerinnen und Bürger in der Öffentlichkeit einen Mindestabstand von 1,5 Metern einhalten und sich dort nur alleine, mit einer weiteren nicht im Haushalt lebenden Person oder im Kreis der Angehörigen des eigenen Hausstandes aufhalten. Dies gilt weiterhin verbindlich und Verstöße gegen diese Kontaktbeschränkungen werden entsprechend von den Ordnungsbehörden sanktioniert.

3. Um zukünftig Infektionsketten schnell zu erkennen, zielgerichtete Testungen durchzuführen, eine vollständige Kontaktnachverfolgung zu gewährleisten und die Betroffenen professionell zu betreuen, werden in den öffentlichen Gesundheitsdiensten vor Ort erhebliche zusätzliche Personalkapazitäten geschaffen...

6. Der Bund unterstützt die Länder sowie die kassenärztlichen Vereinigungen bei der Beschaffung von medizinischer Schutzausrüstung für das Gesundheitswesen... Für den Alltagsgebrauch gelten hinsichtlich des Tragens von Masken im öffentlichen Raum die Empfehlungen des Robert-Koch-Institutes, nach denen das Tragen sogenannter (nicht-medizinischer) Alltagsmasken oder Community-Masken in öffentlichen Räumen, in denen der Mindestabstand regelhaft nicht gewährleistet werden kann (z.B. ÖPNV), das Risiko von Infektionen reduzieren kann. Sie schützen insbesondere die Umstehenden vor dem Auswurf von festen oder flüssigen Partikeln durch den (möglicherweise asymptomatischen, aber infektiösen) Träger der Masken. Insofern wird den Bürgerinnen und Bürgern die Nutzung entsprechender Alltagsmasken insbesondere im öffentlichen Personennahverkehr und beim Einkauf im Einzelhandel dringend empfohlen.

7. Für vulnerable [verwundbare, störanfällige] Gruppen und insbesondere für Pflegeheime, Senioren- und Behinderteneinrichtungen müssen nach den jeweiligen lokalen Gegebenheiten und in den jeweiligen Institutionen besondere Schutzmaßnahmen ergriffen werden... Es ist jedoch auch zu berücksichtigen, dass entsprechende Regularien nicht zu einer vollständigen sozialen Isolation der Betroffenen führen dürfen.

8. Vor der Öffnung von Kindergärten, Schulen und Hochschulen ist ein Vorlauf notwendig, damit vor Ort die notwendigen Vorbereitungsmaßnahmen getroffen und zum Beispiel die Schülerbeförderungen organisiert werden können. Die Schulträger, Träger der Beförderung und die Schulgemeinschaft werden frühestmöglich unterrichtet. Die Notbetreuung wird fortgesetzt und auf weitere Berufs- und Bedarfsgruppen ausgeweitet. Prüfungen und Prüfungsvorbereitungen der Abschlussklassen dieses Schuljahres sollen nach entsprechenden Vorbereitungen wieder stattfinden können.

Ab dem 4. Mai 2020 können prioritär auch die Schülerinnen und Schüler der Abschlussklassen und qualifikationsrelevanten Jahrgänge der allgemeinbildenden sowie berufsbildenden Schulen, die im nächsten Schuljahr ihre Prüfungen ablegen, und die letzte Klasse der Grundschule beschult werden.

Die Kultusministerkonferenz wird beauftragt, bis zum 29. April ein Konzept für weitere Schritte vorzulegen, wie der Unterricht unter besonderen Hygiene- und Schutzmaßnahmen, insbesondere unter Berücksichtigung des Abstandsgebots durch reduzierte Lerngruppengrößen, insgesamt wieder aufgenommen werden kann. Dabei soll neben dem Unterricht auch das Pausengeschehen und der Schulbusbetrieb mit in den Blick genommen werden. Jede Schule braucht einen Hygieneplan. Die Schulträger sind aufgerufen, die hygienischen Voraussetzungen vor Ort zu schaffen und dauerhaft sicherzustellen...

In der Hochschullehre können neben der Abnahme von Prüfungen auch Praxisveranstaltungen, die spezielle Labor- bzw. Arbeitsräume an den Hochschulen erfordern, unter besonderen Hygiene- und Schutzmaßnahmen wieder aufgenommen werden. Bibliotheken und Archive können unter Auflagen zur Hygiene, Steuerung des Zutritts und zur Vermeidung von Warteschlangen geöffnet werden.

9. Großveranstaltungen spielen in der Infektionsdynamik eine große Rolle, deshalb bleiben diese mindestens bis zum 31. August 2020 untersagt.

10. Folgende Geschäfte können zusätzlich unter Auflagen zur Hygiene, zur Steuerung des Zutritts und zur Vermeidung von Warteschlangen wieder öffnen:

• alle Geschäfte bis zu 800 qm Verkaufsfläche

• sowie unabhängig von der Verkaufsfläche Kfz-Händler, Fahrradhändler, Buchhandlungen.

11. Unter den Dienstleistungsbetrieben, bei denen eine körperliche Nähe unabdingbar ist, sollen sich zunächst Friseurbetriebe darauf vorbereiten, unter Auflagen zur Hygiene, zur Steuerung des Zutritts und zur Vermeidung von Warteschlangen sowie unter Nutzung von persönlicher Schutzausrüstung den Betrieb ab dem 4. Mai wieder aufzunehmen.

12. ... Zusammenkünfte in Kirchen, Moscheen, Synagogen sowie religiöse Feierlichkeiten und Veranstaltungen und die Zusammenkünfte anderer Glaubensgemeinschaften sollen zunächst weiter nicht stattfinden. Das Bundesministerium des Innern, für Bau und Heimat wird gemeinsam mit Vertretern aus dem Kreis der Ministerpräsidenten mit den großen Religionsgemeinschaften noch in dieser Woche das Gespräch aufnehmen, um einen möglichst einvernehmlichen Weg vorzubesprechen.

13. Auch in der Pandemie wollen wir in Industrie und Mittelstand sicheres Arbeiten möglichst umfassend ermöglichen. Ausgenommen bleiben wirtschaftliche Aktivitäten mit erheblichem Publikumsverkehr. Die Arbeitgeber haben eine besondere Verantwortung für ihre Mitarbeiter, um sie vor Infektionen zu schützen. Infektionsketten, die im Betrieb entstehen, sind schnell zu identifizieren. Deshalb muss jedes Unternehmen in Deutschland auch auf Grundlage einer angepassten Gefährdungsbeurteilung sowie betrieblichen Pandemieplanung ein Hygienekonzept umsetzen. Ziel ist u.a.

nicht erforderliche Kontakte in der Belegschaft und mit Kunden zu vermeiden, allgemeine Hygienemaßnahmen umzusetzen und die Infektionsrisiken bei erforderlichen Kontakten durch besondere Hygiene- und Schutzmaßnahmen zu minimieren. Die Unternehmen sind weiterhin aufgefordert, wo immer dies umsetzbar ist, Heimarbeit zu ermöglichen. Die für den Arbeitsschutz zuständigen Behörden sowie die Unfallversicherungsträger beraten die Unternehmen dabei und führen Kontrollen durch. Das Bundesministerium für Arbeit und Soziales ist dazu mit den Sozialpartnern, Ländern und DGUV im Gespräch und wird kurzfristig ein Konzept hierfür vorlegen.

14. Vielfach ist es in den letzten Wochen unabhängig von angeordneten Schließungen zu Produktionsproblemen und Produktionsstillstand gekommen, weil wesentliche Komponenten nicht mehr geliefert wurden. Bund und Länder unterstützen die Wirtschaft, gestörte internationale Lieferketten wiederherzustellen. Dazu richten die Wirtschaftsministerien des Bundes und der Länder Kontaktstellen für betroffene Unternehmen ein...

15. Um eine weiträumige Ausbreitung des Virus möglichst zu verhindern, bleiben Bürgerinnen und Bürger aufgefordert, generell auf private Reisen und Besuche – auch von Verwandten – zu verzichten. Das gilt auch im Inland und für überregionale tagestouristische Ausflüge. Die weltweite Reisewarnung wird aufrechterhalten. Übernachtungsangebote im Inland werden weiterhin nur für notwendige und ausdrücklich nicht touristische Zwecke zur Verfügung gestellt. Für Ein- und Rückreisende wird weiter eine zweiwöchige Quarantäne nach den Bestimmungen der zwischen Bund und Ländern vereinbarten Musterverordnung vom 8.4.2020 angeordnet. Für den Warenverkehr, für Pendler und andere beruflich Reisende bleibt die Einreise nach Deutschland und die Ausreise aus Deutschland weiter wie bisher grundsätzlich möglich.

16. Im weiteren Verlauf muss berücksichtigt werden, dass die Epidemie sich in Deutschland nicht gleichmäßig ausbreitet. Während einige Landkreise noch kaum betroffen sind, kommt es in anderen Regionen zu Überlastungen im Gesundheitswesen und dem öffentlichen Gesundheitsdienst... Wenn die deutschlandweit erzielten Erfolge in der Verlangsamung des Infektionsgeschehens nicht gefährdet werden sollen, muss auf eine regionale Dynamik mit hohen Neuinfektionszahlen und schnellem Anstieg der Infektionsrate sofort reagiert werden. Dazu gehört auch, dass die derzeitigen, umfassenden Beschränkungen dort aufrechterhalten bzw. nach zwischenzeitlichen Lockerungen dort sofort wieder konsequent eingeführt

werden. Darüber hinaus können auch Beschränkungen nicht erforderlicher Mobilität in die besonders betroffenen Gebiete hinein und aus ihnen heraus im Einzelfall geboten sein.

19. Mit diesem Beschluss ergreifen Bund und Länder zahlreiche Maßnahmen, um die Infektionsketten noch besser zu kontrollieren. Einige davon greifen sofort, andere brauchen noch Zeit. Deshalb ist es richtig, regelmäßig, etwa alle zwei Wochen die Infektionsdynamik zu kontrollieren und insbesondere die Auslastung des Gesundheitswesens und die Leistungsfähigkeit des öffentlichen Gesundheitsdienstes genau zu betrachten. Danach ist jeweils zu entscheiden, ob und welche weiteren Schritte ergriffen werden können. Entsprechend dieser Logik gelten die hier beschriebenen ersten Schritte zunächst bis zum 3. Mai...

Maßnahmen zur Eindämmung der COVID19-Epidemie (Telefonschaltkonferenz der Bundeskanzlerin mit den Regierungschefinnen und Regierungschefs der Länder am 30. April 2020)

Beschluss

... 6. ...Versammlungen zur Religionsausübung (Gottesdienste und Gebetsveranstaltungen) sollen fortan wieder stattfinden können. Für Weltanschauungsgemeinschaften gelten die Ausführungen entsprechend. Die Einzelheiten regeln die Länder.

7. Spielplätze können mit Auflagen wieder geöffnet werden, um Familien neben Grünanlagen und Parks zusätzliche Aufenthaltsmöglichkeiten im öffentlichen Raum zu bieten.

8. Unter Auflagen zur Hygiene, zur Steuerung des Zutritts und zur Vermeidung von Warteschlangen können folgende Kultureinrichtungen wieder geöffnet werden:

   a. Museen, Ausstellungen und Galerien

   b. Gedenkstätten sowie

   c. zoologische und botanische Gärten...

Maßnahmen zur Eindämmung der COVID19-Epidemie (Telefonschaltkonferenz der Bundeskanzlerin mit den Regierungschefinnen und Regierungschefs der Länder am 6. Mai 2020)

Beschluss

... 2. Die wichtigste Maßnahme gerade angesichts der Öffnungen bleibt noch für lange Zeit, Abstand zu halten. Deshalb bleibt es weiter entscheidend, dass Bürgerinnen und Bürger in der Öffentlichkeit einen Mindestabstand von 1,5 Metern einhalten. Diese Maßnahme wird ergänzt durch eine Maskenpflicht in bestimmten öffentlichen Bereichen. Die Kontaktbeschränkungen sollen grundsätzlich bis zum 5. Juni weiter gelten. Angesichts der niedrigen Infektionszahlen soll der Aufenthalt im öffentlichen Raum jedoch nicht nur alleine, mit den Angehörigen des eigenen Hausstandes oder einer weiteren Person, sondern auch mit den Personen eines weiteren Hausstandes gestattet werden...

3. ...Ab einer gewissen Relevanz muss auf eine regionale Dynamik mit hohen Neuinfektionszahlen und schnellem Anstieg der Infektionsrate sofort vor Ort mit Beschränkungen reagiert werden. Deshalb werden die Länder sicherstellen, dass in Landkreisen oder kreisfreien Städten mit kumulativ mehr als 50 Neuinfektionen pro 100 000 Einwohnern innerhalb der letzten 7 Tage sofort ein konsequentes Beschränkungskonzept unter Einbeziehung der zuständigen Landesbehörden umgesetzt wird... Bei einem verteilten regionalen Ausbruchsgeschehen und unklaren Infektionsketten müssen allgemeine Beschränkungen regional wieder konsequent eingeführt werden. Diese Maßnahmen müssen aufrechterhalten werden, bis dieser Wert mindestens 7 Tage unterschritten wird...

4. Zur Unterstützung der schnellen und möglichst vollständigen Nachverfolgung von Kontakten ist der Einsatz von digitalem „contact tracing" eine wichtige Maßnahme. Der Bund hat für die Entwicklung der entsprechenden App inzwischen entschieden, einen dezentralen Ansatz zu verfolgen und den Einsatz dieser App durch die Bürgerinnen und Bürger nach dem Prinzip der „doppelten Freiwilligkeit" zu ermöglichen. Das bedeutet, dass die europäischen und deutschen Datenschutzregeln strikt eingehalten werden und lediglich epidemiologisch relevante Kontakte der letzten drei Wochen anonymisiert ausschließlich auf dem Handy des Benutzers ohne die Erfassung des Bewegungsprofils gespeichert werden. Darüber hinaus soll nicht nur der Einsatz der App auf Freiwilligkeit basieren, sondern auch

eine mögliche Datenweitergabe an das RKI zur Optimierung der App und für die epidemiologische Forschung soll nur freiwillig erfolgen. Gibt ein Bürger diese Daten nicht frei, hat das keinen negativen Einfluss auf seine Nutzungsmöglichkeiten der App. Die App wird transparent „open source" bereitgestellt. Sobald eine breit einsetzbare Anwendungssoftware (App) vorliegt, wird es darauf ankommen, dass breite Teile der Bevölkerung diese Möglichkeit nutzen, um zügig zu erfahren, wenn sie Kontakt zu einer infizierten Person hatten, damit sie schnell darauf reagieren können. Bund und Länder werden dazu aufrufen.

5. Die Schulen sollen schrittweise eine Beschulung aller Schüler unter Durchführung entsprechender Hygienemaßnahmen bzw. Einhaltung von Abstandsregeln ermöglichen. Diese betreffen sowohl den Unterricht, als auch das Pausengeschehen und die Schülerbeförderung... Ziel ist, dass in Abhängigkeit vom Infektionsgeschehen bis zu den Sommerferien jede Schülerin und jeder Schüler einmal die Schule besuchen kann. Parallel dazu sollen digitale Unterrichtskonzepte und -angebote weiterentwickelt werden.

6. Gemäß des Beschlusses der Jugendministerkonferenz vom 27.4.2020 wird die Kinderbetreuung durch eine flexible und stufenweise Erweiterung der Notbetreuung spätestens ab dem 11. Mai in allen Bundesländern eingeführt. Dabei wird sichergestellt, dass bis zu den Sommerferien jedes Kind am Übergang zur Schule vor dem Ende seiner Kita-Zeit noch einmal die Kita besuchen kann. Die Einzelheiten regeln die Länder.

7. Für Krankenhäuser, Pflegeheime, Senioren- und Behinderteneinrichtungen... wird nunmehr beschlossen, dass in alle Konzepte bzw. die erlassenen Allgemeinverfügungen zu den Kontaktbeschränkungen bezüglich dieser Einrichtungen eine Regelung aufgenommen werden soll, die jedem Patienten/Bewohner einer solchen Einrichtung die Möglichkeit des wiederkehrenden Besuchs durch eine definierte Person ermöglicht wird, sofern es aktuell kein aktives SARS-Cov-2-Infektionsgeschehen in der Einrichtung gibt.

8. Auch in der Pandemie wollen wir in Industrie und Mittelstand sicheres Arbeiten möglichst umfassend ermöglichen. Die Arbeitgeber haben eine besondere Verantwortung für ihre Mitarbeiter, um sie vor Infektionen zu schützen. Infektionsketten, die im Betrieb entstehen, sind schnell zu identifizieren. Deshalb haben Bund und Länder bereits beschlossen, dass jedes Unternehmen in Deutschland auch auf Grundlage einer angepassten

Gefährdungsbeurteilung sowie betrieblichen Pandemieplanung ein Hygienekonzept umsetzen muss. Dies bleibt aktuell. Wir leben weiter in der Pandemie, deshalb müssen nicht erforderliche Kontakte in der Belegschaft und mit Kunden vermieden werden, allgemeine Hygienemaßnahmen umgesetzt und die Infektionsrisiken bei erforderlichen Kontakten durch besondere Hygiene- und Schutzmaßnahmen minimiert werden. Die Unternehmen sind weiterhin aufgefordert, wo immer dies umsetzbar ist, Heimarbeit zu ermöglichen...

9. Alle Geschäfte können unter Auflagen zur Hygiene, zur Steuerung des Zutritts und zur Vermeidung von Warteschlangen wieder öffnen. Dabei ist wichtig, dass eine maximale Personenzahl (Kunden und Personal) bezogen auf die Verkaufsfläche vorgegeben wird, die einerseits der Reduzierung der Ansteckungsgefahr in den Geschäften durch Sicherstellung von Abständen dient, aber auch darauf abzielt, den Publikumsverkehr im öffentlichen Raum und im ÖPNV insgesamt zu begrenzen.

10. Der Sport- und Trainingsbetrieb im Breiten- und Freizeitsport unter freiem Himmel wird unter den Bedingungen, die im Beschluss der Sportministerinnen und Sportminister der Länder zum stufenweisen Wiedereinstieg in den Trainings- und Wettkampfbetrieb vorgesehen sind, wieder erlaubt.

11. Die Sonderstellung von Berufssportlerinnen und Berufssportlern erfordert – auch rechtlich – eine gesonderte Beurteilung. Die Bundeskanzlerin und die Regierungschefinnen und -chefs der Länder halten die Fortsetzung des Spielbetriebes in der 1. und 2. Fußballbundesliga für die dort startberechtigten 36 Vereine auf deren Kosten ab der zweiten Maihälfte für vertretbar. Die DFL legt die konkreten Spieldaten fest... Dem Beginn des Spielbetriebs muss, wie in dem geprüften Konzept vorgesehen, eine Quarantänemaßnahme, gegebenenfalls in Form eines Trainingslagers, vorweggehen...

12. Die Länder werden in eigener Verantwortung vor dem Hintergrund des jeweiligen Infektionsgeschehens und landesspezifischer Besonderheiten über die schrittweise Öffnung der Gastronomie und des Beherbergungsgewerbes für touristische Nutzung (insbes. Hotels, Pensionen und Ferienwohnungen) mit Auflagen auf der Grundlage von gemeinsamen Hygiene- und Abstandskonzepten der Wirtschaftsministerkonferenz entscheiden.

13. ... [wie 12] der Theater, Opern, Konzerthäuser und Kinos...

14. ... [wie 12] der folgenden verbliebenen Bereiche...:

- Vorlesungsbetrieb an Hochschulen
- Übergang der Kinderbetreuung in den eingeschränkten Regelbetrieb gemäß
Beschluss der Jugend- und Familienministerkonferenz
- Volkshochschulen, Musikschulen und sonstige öffentliche und private
Bildungseinrichtungen im außerschulischen Bereich
- Bars, Clubs und Diskotheken
- Messen
- Fahrschulen
- Dienstleistungsbetriebe im Bereich der Körperpflege wie Kosmetikstudios,
Massagepraxen, Tattoo-Studios und ähnliche Betriebe
- Sportbetrieb in allen öffentlichen und privaten Indoor-Sportanlagen, Schwimm- und
Spaßbädern
- Fitnessstudios und ähnliche Einrichtungen
- Betrieb von sonstigen Sport- und Freizeiteinrichtungen sowie die
Wiederaufnahme von Wettkampf- und Leistungssport
- Kleinere öffentliche oder private Veranstaltungen oder Feiern sowie
Veranstaltungen ohne Festcharakter
- Freizeitparks und Anbieter von Freizeitaktivitäten (drinnen und draußen)
- Spielhallen, Spielbanken, Wettannahmestellen und ähnliche Einrichtungen
- Prostitutionsstätten, Bordelle und ähnliche Einrichtungen
15. Wie Bund und Länder bereits beschlossen haben, sind Großveranstaltungen wie z.B. Volksfeste, größere Sportveranstaltungen mit Zuschauern, größere Konzerte, Festivals, Dorf-, Stadt-, Straßen-, Wein-, Schützenfeste oder Kirmes-Veranstaltungen derzeit untersagt. Wegen der immer noch gegebenen Unsicherheit des Infektionsgeschehens ist davon auszugehen, dass dies auch mindestens bis zum 31. August so bleiben wird.

Quellen und Literatur (Auswahl)

Michaela Axt-Gadermann: Hygiene in Zeiten von Corona. Eine Handreichung zur Vorbeugung. München 2020 (kostenloser Download unter *www.randomhouse.de/content/download/speziell/suedwest/Hygiene_in_Zeiten_von_Corona.pdf*

Bundesamt für Bevölkerungsschutz und Katastrophenhilfe (Hrsg.): Handbuch betrieblicher Pandemieplanung (2. erw. akt. Auflage) Bonn 2010. Internet: *www.bbk.bund.de/SharedDocs/Downloads/BBK/DE/Publikationen/Broschueren_Flyer/Handbuch_Betriebl_Pandemieplanung_2_Auflage.pdf?__blob=publicationFile*

Bundesamt für Bevölkerungsschutz und Katastrophenhilfe (Hrsg.): Ratgeber für Notfallvorsorge und richtiges Handeln in Notsituationen. Bonn 2018. Internet: *http://www.bbk.bund.de/SharedDocs/Downloads/BBK/DE/Publikationen/Broschueren_Flyer/Buergerinformationen_A4/Ratgeber_Brosch.pdf?__blob=publicationFile*

Bundesministerium für Ernährung und Landwirtschaft (Hrsg.): Private Vorsorge, Notvorrat, Empfehlungen und Tipps. Nur online: *www.ernaehrungsvorsorge.de/private-vorsorge*

Andreas Kling (Hrsg.): Sicher trotz Katastrophe. Ein praktischer Ratgeber für die persönliche Notfallvorsorge. Regensburg 2018.

Ute Menski (Hrsg.): Neue Strategien der Ernährungsnotfallvorsorge. Ergebnisse aus dem Forschungsverband NeuENV. Berlin 2016 (Schriftenreihe des Forschungsforums Öffentliche Sicherheit, Nr. 18). Internet: *www.neuenv.de/5_Downloads/sr_18_a.pdf*

Zhou Wang (Hrsg.): Das Coronavirus Handbuch. München 2020

World Health Organization Regional Office for Europe (Hrsg.): Ernährungstipps für die Quarantäne [Kopenhagen 2020]. Internet: *www.euro.who.int/de/health-topics/health-emergencies/coronavirus-COVID-19/novel-coronavirus-2019-ncov-technical-guidance/food-and-nutrition-tips-during-self-quarantine*

World Health Organization Regional Office for Europe (Hrsg.): Körperlich aktiv während der Selbstquarantäne [Kopenhagen 2020]. Internet: *www.euro.who.int/de/health-topics/health-emergencies/coronavirus-COVID-19/novel-coronavirus-2019-ncov-technical-guidance/stay-physically-active-during-self-quarantine*

Nützliche Links und Dokumente

Auswärtiges Amt, Berlin:
Zu Rückholaktion und weltweiter Reisewarnung:
www.auswaertiges-amt.de/de/ReiseUndSicherheit/10.2.8Reisewarnungen

Bundesgesundheitsministerium, Bonn/Berlin: *www.bundesgesundheitsministerium.de/coronavirus.html* und
www.zusammengegencorona.de/

Bundesinnenministerium, Berlin
Zu Kontakt- und Reisebeschränkungen
www.bmi.bund.de/DE/themen/bevoelkerungsschutz/coronavirus/coronavirus-schwerpunkt.html

Bundesarbeitsministerium, Berlin
Arbeitsrechtliche Informationen
www.bmas.de/DE/Schwerpunkte/Informationen-Corona/informationen-corona.html

Bundeslandwirtschaftsministerium, Bonn/Berlin:
Auswirkungen auf die Lebensmittelversorgung sowie Landwirtschaft
www.bmel.de

Bundeswirtschaftsministerium, Berlin:
Informationen und Unterstützung für Unternehmen
www.bmwi.de/Redaktion/DE/Coronavirus/coronahilfe.html

Bundeszentrale für gesundheitliche Aufklärung, Köln:
www.bzga.de und *www.infektionsschutz.de*

Charité Universitätsmedizin, Berlin:
CovApp – Handlungsempfehlungen und Informationen zum
Coronavirus
https://covapp.charite.de/

Deutsche Gesellschaft für Gynäkologie und Geburtshilfe e.V.,
Berlin:
Zu Schwangerschaft und COVID-19
*www.dggg.de/news/COVID-19-kreisssaalempfehlungen-der-dggg-
und-faq-fuer-schwangere-1192/*

Friedrich-Loeffler-Institut für Tiergesundheit, Greifswald:
Zu Ansteckungsgefahr durch Haus- und Nutztiere
www.fli.de/de/aktuelles/tierseuchengeschehen/coronavirus/

Das für Ihre Stadt oder Ihren Kreis zuständige **Gesundheitsamt**
kann nach Ort oder Postleitzahl mit einem Suchtool des Robert-
Koch-Instituts online schnell gefunden werden:
https://tools.rki.de/PLZTool/

Patienten-Information, Portal von Bundesärztekammer und
Kassenärztlicher Bundesvereinigung:
www.patienten-information.de/kurzinformationen/coronavirus

Robert-Koch-Institut, Berlin:
*www.rki.de/DE/Content/InfAZ/N/Neuartiges_Coronavi-
rus/nCoV.html*

Weltgesundheitsorganisation, Genf:
Zu Coronavirus disease (COVID-19) Pandemic (Englisch)
https://www.who.int/emergencies/diseases/novel-coronavirus-2019

Hilfe finden am Telefon

Patientenservice, Berlin:
www.116117.de

Telefonseelsorge
0800-111 0 111 oder 0800-111 0 222 oder 116 123

Bürgertelefon des Bundesgesundheitsministeriums
Hotline: 030/346 465 100
Montag bis Donnerstag 8-18 Uhr, Freitag 8-12 Uhr

Hotlines der Bundesländer zum Coronavirus für Rat suchende Bürger (Stand Mai 2020)

Baden-Württemberg:
Landesgesundheitsamt Baden-Württemberg
Hotline: 0711 904-39555 Montag bis Sonntag 9-18 Uhr

Freistaat Bayern:
Bayerisches Landesamt für Gesundheit und Lebensmittelsicherheit
Hotline: 09131 6808-5101

Berlin:
Senatsverwaltung für Gesundheit, Pflege und Gleichstellung
Hotline: 030 9028-2828 täglich 8-20 Uhr

Brandenburg:
Landesamt für Arbeitsschutz, Verbraucherschutz und Gesundheit
Hotline: 0331 8683-777 Montag bis Freitag 9-15 Uhr

Hansestadt Bremen:
Bürgertelefon 115

Hansestadt Hamburg:
Behörde für Gesundheit und Verbraucherschutz
Hotline: 040 428 284 000

Hessen:
Hessisches Ministerium für Soziales und Integration
Hotline: 0800 5554666 täglich 8-20 Uhr

Mecklenburg-Vorpommern:
Ministerium für Wirtschaft, Arbeit und Gesundheit
Hotline: 0385 588 5888 Montag bis Donnerstag 9-12 und 13-15 Uhr,
Freitag 9-12 Uhr

Niedersachsen:
Niedersächsisches Landesgesundheitsamt
Hotline: 0511 4505555 Montag bis Donnerstag 8-12 und 13-16 Uhr,
freitags 8-12 Uhr

Nordrhein-Westfalen:
Bürgertelefon der Landesregierung
Hotline: 0211 9119 1001 Montag bis Freitag 8-18 Uhr

Rheinland-Pfalz:
Ministerium für Soziales, Arbeit, Gesundheit und Demografie
Hotline: 0800 575 81 00 Montag bis Donnerstag 9-16 Uhr sowie
Freitag 9-12 Uhr'

Saarland:
Ministerium für Soziales, Gesundheit, Frauen und Familie
Hotline: 0681 501-4422

Freistaat Sachsen:
Bürgertelefon des Sozialministeriums
Hotline: 0351 564-5585

Sachsen-Anhalt:
Landesamt für Verbraucherschutz
Hotline: 0391 2564 222 Montag bis Donnerstag 9-11 und 13-15 Uhr
und Freitag 9-11 Uhr

Schleswig-Holstein:
Bürgertelefon des Landes Schleswig-Holstein
Hotline: 0431 797 000 01

Freistaat Thüringen:
Thüringer Landesamtes für Verbraucherschutz
Hotline: 0361 57-3815099

Andere Bücher der Autoren

Tjorven Boderius:
Schulterblick. Die Welt durch deine Augen (Jugendbuch-roman). Tredition 2020 (auch als E-Book)

Holger Piening:
Als die Waffen schwiegen. Heide, 4. Aufl. 2001
Westküste 1945. Heide 2000
Nordseeküste im Krieg 1939-1942. Heide 2010
Nordseeküste im „totalen Krieg" 1943-1945. Heide 2015

Weitere Titel in Vorbereitung